AF290453

Deutschland und seine Liebe zur Ignoranz

Wie Naivität unsere Zukunft und Existenz bedroht!

von

Dennis Riehle

Liebe Leserinnen und Leser,

wir leben nicht nur politisch in verrückten Zeiten. Auch gesellschaftlich türmen sich immer mehr Probleme auf. Und das Fundament eines einst von Kitt und Zusammenhalt getragenen Miteinanders erodiert. Nicht zuletzt eröffnen sich Gräben zwischen jenen, die manch einer nur schwer zu glaubenden Wahrheit in die Augen schauen. Und den Bürgern unter uns, die entweder bewusst Realitäten ausblenden - oder schlichtweg durch fehlende Information und Aufklärung nichts davon mitbekommen, wie Deutschland zum kranken Mann einer Weltgemeinschaft mutiert, in der man für uns bisweilen nur noch ein müdes Lächeln übrighat.

Wer sich allein von ARD und ZDF unterrichten lässt, bleibt oft in Naivität beseelt auf dem Sofa sitzen. Doch dieser Mechanismus des ständigen Ignorierens verschärft die Situation weiter. Denn ob es nun die Folgen einer ungezügelten Migration, einer verkopften Transformation oder einer umgekehrten Evolution sind: Je länger man sich der Konfrontation mit Wahrheit und Tatsachen verweigert, desto größer wird die Lawine schwer abwendbarer Herausforderungen.

Die Leugnung elementarer Fehltritte aus der jüngeren Vergangenheit - ob der Tabubruch der offenen Grenzen durch Angela Merkel, das Einschränken der Meinungsfreiheit während Corona oder die unbändige Solidarität mit der Ukraine - häufen sich zu gigantischen Belastungen für die nachkommende Generation an. Deshalb soll das vorliegende Buch mit einer Ansammlung von Kommentaren meinerseits, die aus der zweiten Jahreshälfte von 2024 und den ersten Monaten in 2025 stammen, zu einem reflektierten Nachdenken anregen, um sich ein Stück weit aus der Komfortzone zu bewegen, bevor es für uns alle ein böses Erwachen gibt.

Gerne können Sie über meine Gedanken mit mir ins Gespräch kommen und sich austauschen.

Melden Sie sich dafür per E-Mail unter: Riehle@Riehle-Dennis.de.

Ich wünsche Ihnen eine sinnstiftende Lektüre!

Ihr Dennis Riehle

Keine Verschwörungstheorie mehr: Deutschlands Identität wankt!

Das christliche Abendland geht unter! – Vor noch nicht allzu langer Zeit galt diese Parole als ein Schreckensszenario, welches man als Phantasie des Rechtskonservativismus abgetan hat. Doch in diesen Tagen fällt es immer mehr Menschen wie Schuppen von den Augen, dass der Patriotismus mit seiner Warnung offenbar gar nicht so falsch liegt. Denn dass eine pluralistische Bevölkerungsschicht im 21. Jahrhundert der Beleuchtung am Ramadan applaudiert – während sie gleichzeitig das Aufstellen eines Tannenbaums zum Christfest in unseren Kindergärten als Verletzung der religiösen Gefühle von Muslimen tadelt, muss mittlerweile auch diejenigen stutzig machen, die keinen Nationalstolz empfinden.

Immerhin geht es nicht allein um die Preisgabe unserer Werte und Traditionen, sondern auch um eine Erodierung des Miteinanders. Die Identität von Deutschland und ganz Europa steht auf dem Spiel, weil sich unsere Herrschenden mit der Utopie des Multikulturalismus völlig ohne Distanz oder Skepsis gemeingemacht haben. Das zwanghafte Zusammenleben von Menschen mit einer unterschiedlichen Sozialisation und Säkularisierung auf einem gemeinsamen Raum kann schon allein deshalb nicht funktionieren, weil der Islam im Gegensatz zum Protestantismus und Katholizismus bisher keine Verweltlichung durchlaufen hat – und auch nicht auf ein Evangelium blicken kann, das manche Grausamkeit des Alten Testaments relativiert. Natürlich gibt es innerhalb von ihm Strömungen, die zu einem liberalen Bekenntnis bereit sind – und sich von einer buchstabengetreuen Umsetzung des Koran distanzieren.

Doch gerade die omnipräsenten Hardliner, die sich weltweit und innerhalb der Bundesrepublik als Vertreter der Muslime ausgeben, sind nicht daran interessiert, das Modell einer freiheitlich-demokratischen Grundordnung zu respektieren. Viel eher schwebt ihnen noch immer der Gottesstaat als das Ziel auf dem Weg zu Allah vor Augen. Nein, natürlich kann man nicht pauschalisieren und generalisieren – und muss auch zwingend all diejenigen von Kritik ausnehmen, die als friedliche Andersgläubige bei uns integriert, hier aufgewachsen oder zu uns gekommen sind.

Doch in der öffentlichen Wahrnehmung stellen sie eben nicht die Überzahl dar. Sie wird dominiert von jenen, die für ihren Glauben einen missionarischen Absolutismus beanspruchen, an dem niemand vorbeikommt. Und je länger die ungezügelte Immigration auf unser Territorium andauert, desto dramatischer erleben wir die Auswirkungen eines durch den gutmenschlichen Willen obsessiv verordneten Mix der verschiedensten Ideologien, der am Ende eine massive soziale Sprengkraft in sich trägt. Dafür muss man nicht einmal die vielen „Einzelfälle" an täglichen Verbrechen auf unseren Straßen heranziehen, bei denen sich mittlerweile zumindest mit wachem Geist nicht mehr verleugnen lässt, dass es einen Zusammenhang zwischen der ethnisch-orthodoxen Verwurzelung und einer Gewaltbereitschaft aus frommer Rechtschaffenheit gibt. Die Motivation dieser Anhänger ist ungebrochen, sukzessive die Mehrheit in der Bundesrepublik stellen zu wollen.

Wer in seinem globalistischen Denken der Barmherzigkeit gegenüber allem Fremden und in der Verachtung der eigenen Herkunft das Konzept der Vielfalt bewusst als einen Etappenschritt im Übergang von einer Wesenseinheit in die andere versteht, legt es bewusst und gewillt darauf an, dass die Bundesrepublik in ihrer Prägung durch diejenigen unterwandert wird, die eine Verdrängung der bisherigen Singularität und Exklusivität unseres – wie eines jeden – Volkes mit seinen Identifikations- und Alleinstellungsmerkmalen anstreben.

Mit unseren offenen Grenzen holen wir uns nicht nur Kriminalität, Verrohung und Sicherheitsrisiken in unser Zuhause, sondern eben auch Fanatismus, Radikalismus und Ambitionen für eine Theokratie. Lange Zeit galt das Kalifat als eine ferne Parallelwelt von extremistischen Märtyrern. Doch ihr Ansinnen von Überlegenheit und Unbedingtheit hinsichtlich des Aufgeklärten und Fortschrittlichen, ihre Verhöhnung unserer Lebensweise und ihre Rache für den vermeintlichen Imperialismus des Westens tragen sich mittlerweile bis in unsere Großstädte hinein.

Nahezu stündliche Messerangriffe und Vergewaltigungen haben bereits Struktur erlangt – und können eindeutig denjenigen zugeordnet werden, deren Spiritualität politisch aufgeladen ist. Karl Poppers Toleranz-Paradoxon beweist sich immer offensichtlicher auf unseren Straßen und in den Parks der Republik. Wer alle Schranken öffnet, weil er die sich eingehämmerte Kollektivschuld der Vorfahren nicht mehr ertragen kann, der lässt es zu, dass diese Hingabe für die Durchsetzung einer neuen Kongruenz unserer angestammten Nation missbraucht wird. Wem etwas an seiner Heimat liegt, der kann nicht zur Einschätzung kommen, dass der derzeit vorherrschende Islam zu Deutschland gehört.

Wenn du denkst, es geht nicht schlimmer, beim ZDF im Zweifel immer. Und so ist es für mich als Journalisten eine durchaus ernüchternde Erfahrung, dass die einstigen Garanten für Qualität an publizistischer Arbeit innerhalb von wenigen Jahren sämtliche Prinzipien der Berufsethik über den Haufen geworfen haben. Sie entdecken nicht nur ihre Liebe zu den Rundfunkgebühren neu – oder werden sich der Bedeutung der in Deutschland lediglich indirekt gewährten Presseförderung bewusst. Stattdessen ist der Reiz an Einfluss, Macht und Partizipation mittlerweile derart immens, dass es keine Frage mehr ist, ob man sich früh morgens noch in den Spiegel schauen kann.

Viel eher scheint man nahezu beseelt von dem Gedanken, die Grenzen zwischen den Gewalten in der Demokratie schlichtweg zu negieren – weil man sich im Zweifel Karriere, Aufmerksamkeit, Fokus erhofft. Da ist der Applaus der Regentschaft und des eingeebneten Publikums wichtiger als jedes Rückgrat oder Courage. Man fühlt sich gut dabei, mit dem Zeitgeist zu schwimmen – obwohl man in der Ausbildung doch irgendwann einmal gelernt hatte, dass unser Job gerade nicht ist, sich mit dem Einheitsbrei gemeinzumachen. Tugenden wie Distanz, Skepsis und Kritik an der herrschenden Klasse haben schon längst an Wert verloren. Denn es dürfte nicht nur für die nachwachsende Generation anstrengender sein, die Missstände in der Realität authentisch abzubilden – als sich dem Sturm der Entrüstung von „Omas gegen rechts" ausgesetzt zu sehen.

Und so macht man es sich gemütlich in der kuschelig warmen Runde des Kartells – und stimmt ein in den Abgesang auf die Opposition. Eigentlich wäre es unsere Aufgabe als Akteure der Öffentlichkeitsarbeit, sich mit ihr zu solidarisieren – und als Anwalt derjenigen aufzutreten, die ihrem Grundrecht eines unbehelligten Kreuzes an der Urne nachgehen wollen. Doch die Versuchung der Teilhabe am Informationsmonopolismus überwiegt auch den letzten Rest an Verstand einer Zunft, in der ich mich heutzutage wie ein Fremdkörper empfinde. Schließlich liegt es mir fern, selbst im Rahmen der subjektiven Kommentierung außerhalb Bericht erstattender Formate auf eine Partei einzuschlagen, die bisher lediglich von einer abhängigen Behörde wie dem Verfassungsschutz als rechtsextremistisch gebrandmarkt wird – und solange als ebenbürtig und gleichrangig zu betrachten ist, wie gegen sie kein Verbot verhängt ist. Es mag für junge Kollegen altmodisch und rückwärtsgewandt klingen, aber mein Anspruch war es nie, Leser oder Zuschauer zu erziehen, in ihrem Denken zu betreuen oder ihnen eine vorgekaute Meinung zu servieren. Denn es gebietet der Respekt vor dem Souverän, die letzte Entscheidung über seine politische Präferenz eigenständig und ohne jede Manipulation von außen treffen zu können. Dass gerade das Zweite Deutsche Fernsehen diesbezüglich eine abweichende Auffassung vertritt, erkennt man beispielsweise an den von ihm durchgeführten „Sommerinterviews".

Während man Vertreter von CDU bis zu den Grünen mit Samthandschuhen anfasst – und im besten Licht präsentiert, verfrachtet man das Gespräch mit der Co-Chefin der Alternative für Deutschland kurzerhand in den dunklen Wald, um auch atmosphärisch unverhohlen deutlich zu machen, was man von diesem Wettbewerber im volksherrschaftlichen Wettbewerb um die besten Lösungen und Antworten für die Probleme der Republik hält. Und auch in der Moderation ist der Kurs offensichtlich: Durch ein ständiges Unterbrechen des Redeflusses von Alice Weidel, durch das Stellen von Suggestivfragen und das in den Mund Legen von Aussagen, Standpunkten und Überzeugungen werden sämtliche Regeln unserer Branche mit Füßen getreten. Man macht keinen Hehl aus der persönlichen Verachtung seines Gastes und dessen weltanschaulicher Perspektive. Während die Abgesandten aus dem Kartell auf größtmögliche Gegenliebe der Redakteure stoßen, lässt man bei der Aufzeichnung des Dialogs mit den Blauen keinen Zweifel an der Tendenziösität, Voreingenommenheit und Aversion hinsichtlich eines vom linken Gesellschaftsklientel etikettierten Rechtsextremisten, dem man im Vorfeld der Voten in Ostdeutschland mit dem Instrumentenkasten der versuchten Repression, Zensur und Verfälschung begegnet. Was für den gutgläubigen Laien nicht auf den ersten Blick erkennbar ist, scheint dem geübten Konsumenten der kanalisierten Nachrichten sofort ins Auge zu stechen.

Mit allen Wassern gewaschen, beteiligt sich der schon seit langem nicht mehr auf Objektivität, Unabhängigkeit, Sorgfalt oder Wahrhaftigkeit bedachte Muckraker an der Ächtung, Schmähung und Verleumdung eines ideologischen Widersachers – ohne sich auch nur annähernd mit sachlichen Argumenten und inhaltlichen Forderungen zu befassen. Der einzige Auftrag, den der ÖRR heutzutage als immanente Verpflichtung wie eine Monstranz vor sich herträgt, ist das Verbreiten von Demagogie, Indoktrination und Propaganda – um damit nicht

nur Wahlen in eine vorgegebene Richtung zu
lenken. Man fühlt sich als etwas Besseres, wenn
die Schlagzeile am Ende des Tages über den Äther
geht, dass der willfährige Anchor wieder einmal
einen Skandal aufgedeckt hat – der sich in der
Substanz an das anlehnt, was sich exemplarisch
die Investigativen von „Correctiv" in ihrer
ominösen Recherche aus den Fingern gesaugt
haben. Mit meinem Verständnis von medialem
Wirken hat all das nichts mehr zu tun.

Und weil ich es als einen Akt der Fairness und
Gerechtigkeit ansehe, dass in unserem System
auch jenen ein Fürsprecher zusteht, denen von
der Journaille übelst mitgespielt wird, komme ich
auch mit Blick auf mein Gewissen nicht umhin,
aus dem Grund der Ablehnung einer solchen
Praxis in die Position des kolumnistischen
Verteidigers aller Parteien überzugehen, die sich
abseits der CDU ansonsten kaum des Rückhalts
der Schreiberlinge gewiss sein können.

Völlig normal: Ein Kreuz bei der AfD ist Ausdruck gelebter Demokratie!

Die Linie des Lebens verläuft nie geradeaus, sondern sie hat Kurven, Abzweigungen und Hürden. Das gilt einerseits für unser Privates, aber gleichsam auch mit Blick auf unsere politischen und weltanschaulichen Überzeugungen. Natürlich gibt es auch heute weiterhin Stammwähler, die ihre Partei seit Jahrzehnten die Treue halten und sich aus Prinzip nie dazu entscheiden werden, eine neue Kraft ins Auge zu fassen. Schlussendlich kann da eine Regierung noch so viele Fehler machen, eines gewissen Fanclubs ist sie sich immer sicher.

Doch gerade in der jetzigen Legislaturperiode wächst in mir die Erkenntnis, dass der doch lange Zeit recht lethargisch und unmotiviert auf der Couch liegende Deutsche - der lediglich achselzuckend und untertänig das mitverfolgte, was die Ampel und ihr Umfeld fabrizierten -, endlich aus seinem Dornröschenschlaf erwacht und mit Schrecken feststellt, dass er nicht nur seiner Freiheitsrechte, seines Eigentums, seines Wohlstandes und seiner gewohnten Daseinsweise beraubt wird. Viel eher ist die Abrissbirne in Berliner Elfenturm dazu bereit, die Republik plattzumachen – um sie sodann aus den

Ruinen als eine ökosozialistische Autokratie wieder neu zu errichten. Ich bin deshalb dankbar, dass immer mehr Menschen ein solches Szenario nicht wollen, wonach sich Herr Habeck Denkmäler für hunderte Milliarden baut, Frau Faeser uns den Mund verbietet oder Herr Klingbeil den nächsten verfassungswidrigen Haushalt durchwinkt.

Mittlerweile haben die Fesseln eines in Zügen durchaus totalitär anmutenden Systems viele Menschen derart in ihrer Integrität und Souveränität eingeschränkt, dass sie nicht nur den Märchenerzählungen keinen Glauben mehr schenken, wonach es die AfD ist, die im Fall einer Regierungsverantwortung Millionen von Bundesbürger in die Wüste schicken möchte.

Sondern dass das herrschende Parteienkartell im Bundestag es bewusst darauf absieht, die Herrschaftsform zu etablieren, in der ein Despotentum der fanatischen und wahnhaft von Kollektivschuld, Berührungsängsten und der Wirklichkeit Verfolgten mit allen Mitteln versucht, sich entweder an der Macht zu halten – oder um jeden Preis nicht mit dem Bösen koalieren zu müssen. Dass sie dabei schon längst ihren geschworenen Eid vergessen haben, scheint in diesem Zusammenhang noch das kleinste Problem zu sein. Viel eher höhlen sie unsere

Verfassung aus, indem sie sukzessive Grundrechte beschneiden und eine Bevölkerungsklientel tyrannisieren, die nichts Anderes will, als von ihrem Anspruch auf freie Wahl der zur Verfügung stehenden Mitbewerber Gebrauch zu machen. Der Zustand der Aufklärung unserer Mehrheit ist glücklicherweise derart vorangeschritten, dass auch die medialen und von Haldenwang inszenierten Etikettierungen der Alternative für Deutschland nicht mehr verfangen.

 Statt eines bloßen Protestierens gegen die Zustände im Establishment, das die Staatsgewalt zunehmend zur Repression, Drangsal und Vorführung von unliebsamen Mitgliedern einer immer weiter gespaltenen Gemeinschaft missbraucht, zeigt sich eine wachsende und immanente Solidarität mit den von blökenden Schafen am Brandenburger Tor als Nazis diffamierten Freunden, Nachbarn oder Kollegen.

Und so erweise auch ich meine Loyalität mit meinem Nächsten, der sich bewusst dafür entschieden hat, beispielsweise in die AfD oder eine in ihrem Umfeld angesiedelte Partei einzutreten, für sie zu kandidieren, mit ihr zu sympathisieren oder sie zu wählen. Ich erkläre ausdrücklich meinen Schulterschluss mit allen, die es wie ich im Sinn haben, in

parlamentarischer Manier um die besten
Lösungen und Antworten für die Probleme und
Herausforderungen in unserem Land zu ringen –
und sich im Kompromiss auf Maßnahmen zu
einigen, die all die Missstände bekämpfen, die
von meinem Kollegen Haltungsjournalisten nicht
auszusprechen gewagt und von der Politik mit
dem Instrument der Ablenkung von der Bildfläche
gedrängt werden.

Und es sind eben nur noch Akteure wie die
Alternative für Deutschland, „Bündnis
Deutschland" oder die „WerteUnion", die nicht
um den heißen Brei herumreden oder mit
Nebelkerzen um sich schmeißen und auf
Nebenschauplätze verweisen, welche im Zweifel
auch zu einer radikalen Trendwende bereit sind,
die unter anderem mit Blick auf die Remigration
all das juristisch Mögliche in Angriff nimmt, was
derzeit politisch nicht gewollt ist.

 Man kann es niemandem mehr übelnehmen,
dass das Vertrauen selbst in die Union nahe null
geht, wenn wir täglich davon hören, wie Merz
seine Zuneigung zu den Grünen fabuliert – und im
Wahlkampf nicht ausschließt, Angela Merkel als
Unterstützerin zurückzuholen. Ein Kontinuum des
Bisherigen unter der bloßen Veränderung
einzelner Stellschrauben ist nicht mehr
ausreichend, um unser Land, unsere Heimat und

unsere Identität wieder auf den Pfad der Erleuchtung und die Straße des Erfolges zurückzubringen. Deshalb ist es nur allzu folgerichtig, logisch und konsequent, dass man sich mit denen zu einem Gegenwicht zusammentut, die weder rechtsextrem noch demokratiefeindlich sind – sondern die sich anstelle der Obrigkeit dem Auftrag „zum Wohle des Volkes" verpflichtet fühlen.

Die Angst der Protest-Omas: Hilfe, mein Enkel könnte rechts sein!

Stiefel, Baseballschläger und Glatze – so stellen sich gerade die Älteren in unserer Gesellschaft den typischen Neonazi vor, der in den 1990er-Jahren auf unseren Straßen sein Unwesen trieb. Zumindest ist das die gängige Legende, die derzeit wohl auch von den Omas und Opas gegen rechts verbreitet wird. Während sie schon einmal das Leibchen für ihr diverses Enkelkind häkeln, erinnern sie uns mit Inbrunst an das „Nie wieder" – und kommen in einer beispiellosen Unverantwortlichkeit hinsichtlich der Geschichte zu dem Schluss, dass die Diktatur unter Hitler genau so begonnen habe, wie sich aktuell das Bild von Deutschland zeichnet.

Letztlich wird man gerade unsere Senioren für manch eine Subtilität in Schutz nehmen müssen. Denn sie haben noch immer ein großes Vertrauen in den ÖRR – weshalb ihnen oftmals die Wirklichkeit verschlossen bleibt. So glauben sie anscheinend ernsthaft daran, dass die Gefahr für die Demokratie von denjenigen ausgeht, die im Augenblick ihren brachliegenden und von der Zeitgeistigkeit unterdrückten Patriotismus wiederentdecken – mit ihrer Gesinnung damit aber weit von jenen Faschisten entfernt sind, deren Ursprünge vor allem in der linken Arbeiterbewegung zu suchen sind. Dass sich das Kontinuum der eingeebneten Medien seit jeher auch auf die Systempresse mit ihren Zeitungen wie der „taz" erstreckt, welche sich gleichsam voll auf Linie der Bundesregierung befinden, ist keine besondere Neuigkeit. Die Ampel hatte unter der Zuhilfenahme des Investigativismus Abertausende mit einer erlogenen Geschichte über die Deportation von Millionen Bundesbürgern vor das Brandenburger Tor getrieben. Unter ihnen fanden sich auch jene, die der AfD und ihren Unterstützern im Zweifel sogar den Tod an den Hals wünschten. Doch all dieses Gebaren der Aufstachelung gilt aus der Blickwarte des sogenannten Progressivismus natürlich als legitim, weil er alles jenseits der Union als Vorhof zur Hölle betrachtet.

Um nunmehr die nächste Stufe der Nebelkerzen zu zünden, braucht es allerdings eine härtere Gangart in der Berichterstattung, welche uns suggerieren möchte, dass die derzeitige Jugend auf dem besten Weg sei, der gleichen Verblendung zu erliegen, die in der Vergangenheit zu bestialischer Propaganda, Hass und Vernichtung an Minderheiten geführt hat. Dass es in unserem Land mittlerweile an jeglicher Distanz zu diesem singulären Ereignis und dunkelsten Kapitel fehlt, sollte gerade jenen zum

Vorwurf gemacht werden, die zumindest in zeitlicher Nähe die Folgen dessen miterlebt haben, was tatsächlich keinesfalls noch einmal passieren darf. Wer sich ernsthaft in die Überzeugung versteigt, es gebe in der Gegenwart auch nur annähernd Parallelen zu dem, was sich mittlerweile vor rund acht Dekaden zutrug, der betreibt nicht nur einen verwerflichen Revisionismus. Sondern er relativiert in Dreistigkeit und Unverfrorenheit den Holocaust. Und das tun nicht einmal diejenigen, auf die von den kanalisierten Haltungskollegen momentan der Fokus gerichtet wird.

Es ist die nachwachsende Generation, die sich eben nicht nur ARD und ZDF bedient, um über die Realität informiert zu werden, welche zunehmend aus dem Dornröschenschlaf von Buntheit und Beliebigkeit erwacht. Denn in unabhängigen Portalen können sie davon erfahren, dass es mittlerweile täglich zu Messerattacken und Gruppenvergewaltigungen in unseren Städten kommt – deren Verursacher immer öfter einer klar zu umgrenzenden Herkunftsregion zugeordnet werden können. Denn es stellt kein authentisches Abbild der Wirklichkeit dar, wenn Eindrücke über den Äther in die heimischen Wohnzimmer geschickt werden, die allenfalls die Hälfte der Wahrheit wiedergeben. Denn wir existieren eben nicht in einer paradiesischen Landschaft der Vielfalt, Harmonie und Toleranz, die von der Alternative für Deutschland und ihren kurzerhand ins extremistische Spektrum verorteten Erstwählern gestört wird. Stattdessen zeigt sich immer wieder der gescheiterte Multikulturalismus in Form nicht mit unseren Vorstellungen von Normen, Werten, Sitten, Regeln und Gesetzen kompatiblen Ansichten der Gäste aus aller Herren Länder – die ohne wirkliche Bleibeperspektive und anerkannten Asylgrund die Großzügigkeit des hiesigen Sozialstaates ausnutzen.

Das Ringen um die autochthone Mehrheit ist in vollem Gang. Und da ist es dem physikalischen Prinzip von Actio und Reactio zuzuschreiben, dass sich diejenigen nicht mehr mit kriminellen, gewaltsamen und bisweilen sogar mörderischen Verhältnissen abgeben wollen, welche noch einen Großteil ihrer Zukunft vor sich haben – und diese in Frieden, Souveränität und Originalität verbringen möchten. Denn die Preisgabe des Zuhauses kann nur derjenige dem Nachwuchs abverlangen, der selbst nichts mit seinem Ursprung anzufangen weiß. Doch es sind gerade die Erlebnisse auf den Pausenhöfen, welche unsere Teenager und Twentys dazu veranlassen, im Zweifel ihre politische Kompassnadel neu auszurichten. Das hat nichts mit einem Wiedererstarken von Xenophobie zu tun.

Stattdessen ist es eine allzu menschliche Antwort auf das Infragestellen der Wurzeln, welches Linke nicht erst seit gestern mit Bravour beherrschen. Die Einen mögen in dieser Justierung zwischen Identitarismus und Nationalismus eine Radikalisierung unserer Sprösslinge sehen. Wer mit etwas weniger an aufgeladener Ideologie pragmatisch und vernünftig auf die Gegebenheiten blickt, der erkennt in der konsequenten Verteidigung der deutschen Volkszugehörigkeit aus Artikel 116 GG das hehre Ansinnen, sich mit der Garantie für den Fortbestand unserer mitteleuropäischen Spezies und ihrer Tradierung gemeinzumachen.

Denn nicht einmal das irrwitzige Konstrukt von Kollektivschuld für die historischen Verbrechen unserer Vorfahren kann einem Verbund die Daseinsberechtigung absprechen. Diese feste Überzeugung ist glücklicherweise jenen immanent, deren Geburtsdatum weit nach dem Ende des Zweiten Weltkrieges liegt. Und so besteht durchaus Hoffnung, dass sich unsere Heranreifenden in frischem Selbstbewusstsein nicht von denen irritieren lassen, die nicht nur die Kontrolle über ihr eigenes Leben verloren haben – sondern für ihr persönliches Scheitern und Versagen eine ganze Gruppe in Sippenhaft nehmen wollen.

In Deutschland ist Vieles möglich. Da kann man eine vom Wähler legitimierte Partei ausgrenzen, diffamieren und gängeln – und diese Repression als einen Beitrag zur Rettung der Demokratie feiern. Man kann ohne Zögern Magazine verbieten, weil man sie kurzerhand als extremistisch einstuft – und von einem Gericht belehrt werden muss, dass die Meinungsfreiheit nur dann eingeschränkt werden darf, wenn konkrete Belege für ein tatsächliches Bestreben zur Überwindung unseres Herrschaftssystems vorliegen.

Man kann den Bürgern Öl- und Gasheizungen, den Verbrennermotor und das Schweineschnitzel madig machen, obwohl man sich bei der Verordnung von Wärmepumpen und E-Autos lediglich in einem Simulator namens Testlabor bewegt, in dem der Bürger als Versuchskaninchen herhalten muss. Man kann die Wirtschaft so lange mit Bürokratie, Regulierung und Vorschriften behelligen, bis sie entnervt in die Ferne abwandert – und damit zwar nicht insolvent gegangen ist, aber bei uns die Produktion eingestellt hat.

Oder man verbreitet ein Narrativ über den ausschließlich anthropogen verursachten Klimawandel, weil es einige den Physikunterricht verschlafende Schafe gibt, die die Erderhitzung für das Ausbrechen von Feuern auf dem Brocken an acht unterschiedlichen Stellen verantwortlich machen. Was die Ampel dagegen nicht vermag, das ist die Einhaltung von wesentlichen Verfassungsgrundsätzen.

Und da geht es insbesondere um Art. 16a, der unmissverständlich festhält, dass wir nur denjenigen Schutz gewähren sollen, die aufgrund einer konkreten und individuellen Verfolgung in ihren heimatlichen Gefilden die Pilgerfahrt nach Berlin angetreten haben. Eigentlich war ursprünglich gedacht, dass es hierbei um Personen aus nachbarschaftlichen Staaten geht, die nicht in tausenden Kilometern Entfernung liegen. Doch nun geschieht das Gegenteil von dem, was die Gründungsväter unserer Republik als Intention ansahen.

Da machen sich ganze Heerscharen auf den Weg in Richtung Mitteleuropa, obwohl sie doch im Zweifel auch bei ihren umliegenden Nächsten aus dem eigenen Kulturkreis unterkommen könnten. Dass sie aber mit einer expliziten Destination aufbrechen und von Anfang an darauf ausgerichtet sind, nicht aus Zufall und hehren

Gründen ausgerechnet bei denjenigen um Obdach und Versorgung anzusuchen, die mittlerweile als Alimentierungsstelle für den halben Globus gelten, lässt den Rückschluss zu, dass diese ihre Pässe in der Luft zerreißenden Nutznießer allein ein besseres ökonomisches und soziales Leben begehren. Doch genau dies ist weder in den internationalen Konventionen noch in unseren legislativen Bestimmungen als eine anerkannte Fluchtursache vorgesehen. Denn im Gegensatz zur Auffassung der Grünen können wir nicht die Welt retten. Und eben auch nicht jedem Schicksalsgeplagten helfen. Man mag sich für möglichst viele von uns das Paradies auf Erden herbeisehnen. Doch die Realität ist eben kein Wunschkonzert.

Schließlich haben auch wir beschränkte Kapazitäten und endliche Ressourcen. Selbst in der Bibel ist die Nächstenliebe nicht als eine Fürsorge gegenüber sämtlichen Benachteiligten definiert. Stattdessen soll sich unsere Aufmerksamkeit zunächst auf den Ausgegrenzten der hiesigen Gruppe richten. Erst anschließend können wir uns auch denjenigen zuwenden, die aus einer tatsächlichen existenziellen Bedrängung und Not um Asyl bitten. Dass die politisch Korrekten und Wachsamen bereits mit der Moralkeule darauf warten, sämtliche Versuche einer restriktiven Vorgehensweise gegen die illegale Einwanderung zu torpedieren, ist ein charakterliches Merkmal von Grünsozialisten, die ihre persönlichen Ursprünge und Wurzeln verleugnen – und jede Form der Remigration und Abweisung an den Grenzen als unvereinbar mit Paragraphen betrachten, die in anderen EU-Mitgliedsländern allerdings ohne Probleme im Geist von Sicherheit und Ordnung für die jeweilige Bevölkerung interpretiert werden.

Dort ist allerhand denkbar und machbar, was bei uns durch eine willfährige juristische Expertise schon im Keim erstickt wird. So agiert beispielsweise Ungarn im Credo „Geht nicht, gibt's nicht". Während Politiker bei uns im Slogan anhängen: „Nach mir die Sintflut". Deshalb braucht es eine radikale Trendumkehr, die dem Gedanken verschrieben ist, dass sich das Recht an die Wirklichkeit anpassen muss – und nicht die Wirklichkeit an das Recht.

Die Kavallerie der Grünen
soll Deutschlands Rechte einebnen!

Wahrsagerei kann ein erquickliches Geschäft sein. In der Geschichte haben viele Mächtige auf sie vertraut. Und doch waren die Chancen auf richtige Prophezeiungen selten so groß wie im Augenblick. Schließlich braucht es nicht einmal mehr eine Glaskugel, um gewisse Verhaltensweisen von Parteien und Verantwortlichen absehen zu können. Und so genügte ein offenes Auge und ein wacher Verstand, für den Fall eines deutlichen Abschneidens der AfD bei den Landtagswahlen das hilflose Umsichschlagen der großen Verlierer erwarten zu können.

Es bedufte nur wenige Tage, dass die Mutmaßung über weitere Versuche der Repression gegenüber Anhängern, Unterstützern, Wählern und Mitgliedern der Blauen Realität wurde. Im Wissen um ihren Absturz in die Bedeutungslosigkeit agieren die selbsternannten Guten, wie man es eben aus totalitär anmutenden Gefügen kennt. Die Grünen fordern vom Bundeskanzler die Einrichtung einer „Task Force" zur Rettung der Demokratie – und offenbaren damit selbst ihr zutiefst gestörtes Verhältnis zur Volksherrschaft. Denn es liegt in der Natur der Sache, dass sich ein souveränes System ganz eigenständig reguliert Und so waren nicht nur Stimmen aus dem Vorstand bezeichnend, die nach einer Räterepublik schrien. Auch der beständige Hinweis auf etwaige Desinformation im Netz und der mehr oder weniger unverhohlene Aufruf zur Zensur einsprechen einer despotischen Charakterlichkeit, die allerdings nicht erst nach den Urnengängen in Thüringen und Sachsen erkennbar wurde.

Es war der Bundeswirtschaftsminister selbst, der zugegeben hatte, dass er mit seinem Heizungsgesetz einen Testlauf starten wollte, um zu überprüfen, inwieweit die Deutschen dazu bereit sind, sich zum Versuchskaninchen degradieren zu lassen. Auch aus der zweiten und dritten Reihe kamen die unmissverständlichen Rufe, die sozialen Medien entsprechend einzuebnen, damit am Ende bestenfalls die Propaganda für einen einzigen Wettbewerber übrigbleibt.

Ohnehin scheint es in der Wunschwelt manch eines Ökosozialisten völlig normal, dass eine woke Gesinnung stets hehre, progressive und philanthropische Absichten verfolgt, dagegen eine rechte Haltung im Allgemeinen eklig, anstößig und illegitim sein muss. Letztlich zeugt eine derartige Verengung der Vernunft von

Profanität und Simplizität. Dass diese Menschen
an Straßenkreuzungen prinzipiell nicht mehr nach
rechts abbiegen, beim Gang durch die Welt ein
Auge zudrücken und auch ihren geistigen
Horizont nur noch einseitig beanspruchen,
könnte zumindest angesichts der Positionen
gemutmaßt werden, mit denen man nach der
Klatsche in Erfurt und Dresden bis zu einem
Drittel der Wähler in die Ecke von Faschismus und
Neonazismus drängt – obwohl man doch
eigentlich selbst derjenige ist, der mit Autokratie
und Absolutismus liebäugelt.

Erich Honecker und Walter Ulbricht würden noch
einmal in die irdische Gegenwart zurückkehren,
um denjenigen zu ihrem couragierten und
unterjochenden Verhalten zu gratulieren, die sich
nicht nur als moralinsaure Wertepolizei
aufspielen. Sondern sie entpuppten sich als ein
Trojanisches Pferd, als Umkehrer von Tätern und
Opfern oder auch als Wolf im Schafspelz, der
unter dem Deckmantel von Weltoffenheit,
Toleranz und Vielfalt die sukzessive Kanalisierung
von Gesellschaft, Medien und Politik anstrebt –
und damit einer modernen DDR mit veganem und
kompostierbarem Anstrich gleichkommt. Denn
auch wenn man mit Vergleichen und Parallelen in
die Vergangenheit zurückhaltend sein soll,
entspricht das Verständnis von Katrin Göring-
Eckardt, Ricarda Lang oder Omid Nouripour über

die Zukunft unseres Landes und seines Volkes dem Gegenüber von zwei Blöcken. Auf der einen Seite das Kartell von CDU bis BSW, auf der anderen Seite die Alternative für Deutschland. Und weil man letztgenannte mit Instrumenten der Diffamierung, Gängelung und Tyrannei von jeglicher Partizipation ausschließen will, verhärten sich die Fronten nicht nur in den Parlamenten, sondern zunehmend auch in Freundschaften, unter Kollegen oder bei Verwandten.

Welch schweren Schaden man nach der Corona-Pandemie ein weiteres Mal durch Spaltung, Polarisierung und Ausgrenzung an unserem Kollektiv anrichtet, dürfte jene nicht interessieren, für die Willkür und Beliebigkeit ohnehin zur programmatischen Ausstattung gehören. Ihnen wird auch die Einsicht verwehrt bleiben, dass Okkupation oftmals eine enorme Solidarität mit den Geknechteten hervorruft – und dem imperatorischen Ansinnen damit einen Bärendienst erweist.

Dass man Rundfunkräte nicht mit Aufsichtsgremien verwechseln darf, die kritisch das beobachten und begleiten, was die Gebühren gepamperte Haltungsjournaille in den Redaktionen des ÖRR zu Papier bringt – und anschließend in die Wohnzimmer der Lakaien transportiert, dürfte spätestens seit dem Moment klar sein, an dem sich die ersten Skeptiker mit der Zusammensetzung dieser eigentümlichen Strukturen näher beschäftigt haben.

Eigentlich sollen sie die Bandbreite der Bevölkerung abbilden. Doch in Wahrheit sitzen in diesen nicht durch den Souverän legitimierten Ausschüssen unverhohlen ehrliche und tendenziöse Lobbyisten verschiedener Nichtregierungsorganisationen, moralischer Instanzen, staatsnaher Gruppierungen, ideologisch-weltanschaulicher Institutionen und parteinaher Vereine, denen es keinesfalls darum geht, mit Distanz auf das systemimmanente, zwangsfinanzierte und vom politischen Wohlwollen abhängige Fernsehen und Radio zu blicken. Sondern sie machen sich gemein mit den Intendanten und Führungsebenen, weil die

Verstrickungen derart komplex und immanent sind, dass niemand mit Vernunft und Verstand von einer Ferne zwischen Chefredakteuren und dem Kontrollorgan ausgehen kann. Immerhin hackt eine Krähe der anderen kein Auge aus.

Und so ist die Tätigkeit in diesem Komitee der schützenden Hände über all den Reportern, die zufällig vorbeikommende Passanten in den Fußgängerzonen nach ihrer Einschätzung bezüglich des Ansehens von „Das Erste" und ZDF befragen, letztlich ein durchaus lukratives Engagement mit einer ansehnlichen „Aufwandsentschädigung" – mit dem allerdings nichts für die Bewusstseinsbildung oder Meinungsfreiheit getan wird, sondern für das Unterwandern der für Indoktrination und Denunziation nur allzu ungeeigneten Publizistischen Grundsätze, welche als Maßstab für die Reputation der vierten Gewalt in einer Demokratie lange Zeit Konsens, anerkannt und verbindlich waren.

Da verwundert es auch nicht, dass diese Arbeitskreise beständig ihre Kompetenzen und Befugnisse überschreiten – und mit vorpreschenden Appellen die Entscheidungen der Repräsentanten in den zuständigen Landtagen als Ort der Gesetzgebung über die Systempresse torpedieren: Nicht anders offenbarte es sich im

Fall des Beirats beim WDR, der die ARD zum Einklagen höherer Pflichtabgaben aufforderte – welche sodann für ein weiteres Aufblähen dieses informationsmonopolistischen Apparats genutzt werden sollen. Dessen Ziel scheint es heute zu sein, unter Zuhilfenahme unterschiedlicher Kooperationspartner von „Correctiv" bis Bundesregierung zur Kanalisierung der öffentlichen Wahrnehmung und Einebnung gesellschaftlicher Überzeugung beizutragen. Schließlich genügen die derzeitigen 18,36 EUR nicht mehr, um die ledernen Sessel in den Büros der Mitarbeiter zu finanzieren, das ständig wachsende Gehalt der Talkmaster zu stemmen oder die Ausgaben für Hochglanzstudios zu kompensieren.

Dass nicht nur die Kosten aus dem Ruder laufen, sondern auch der Programmauftrag durch immer neue Vorstöße in absurde Gefilde ad absurdum geführt wird – die eben nicht zum immanenten und definierten Betätigungsfeld der Sendehäuser gehören -, entgeht dem Einzelnen weder beim monatlichen Blick auf sein Konto, noch beim Genuss mundgerecht vorgekauter Nachrichten von „Tagesschau" oder „heute", die bisweilen wie ein Distributeur eingesagter Meldungen aus dem Hause von Scholz persönlich wirken. Regierungsfreundliche Schlagzeilen rutschen spätestens dann auf Platz 1, wenn wieder einmal eine Grünen-Abgeordnete zum Telefonhörer greift und sich in Direktleitung beim Verantwortlichen vom Dienst darüber beschwert, dass den Bauernprotesten mehr Beachtung geschenkt wurde als den Demonstrationen gegen rechts. Es ist nicht nur moralisch und ethisch verwerflich, von den ohnehin durch ständig steigende Steuern und Abgaben belasteten Bürgern in Zeiten, in denen wir alle den Gürtel enger schnallen müssen, für ein qualitativ nahezu täglich schlechter werdendes Angebot noch mehr Liquidität einzufordern.

Statt sich personell, materiell und finanziell immer weiter aufzublähen, wäre es an der Zeit, entweder prinzipiell über die Abschaffung dieses völlig aus der Zeit gefallenen Konstrukts des Staatsfunks nachzudenken – oder zumindest massiv in das völlig außer Rand und Band geratene Gebaren einzugreifen, welches mittlerweile Prasserei, Maßlosigkeit und Luxus ähnelt, der nicht nur bei der Leitung des RBB über Jahre geduldet wurde. So echauffiert sich nicht nur die sparsame Hausfrau aus Schwaben schon allein anhand von „Radio Bremen" oder dem SR, warum Bundesländer mit weniger als einer Million Einwohner eine individuelle Rundfunkanstalt mit unzähligen Außenstellen benötigen – wenn man sie doch beispielsweise beim NDR oder SWR eingliedern könnte.

Darüber hinaus ist es einigermaßen unverständlich, warum in diesem Land zwei parallele Fernsehkanäle mit diversen Nebenschauplätzen existieren, die sich in ihrer Ausrichtung nicht nur ähneln – sondern im Ausmaß der Propaganda ziemlich gleichen. Und nicht zuletzt empört sich der mündige Zuseher angesichts der massiven Verstöße gegen die berufsethischen Richtlinien – die von Redakteur über Korrespondent bis Moderator als Maxime für Prestige gelten müssten, aber in vollkommener Gewissenlosigkeit für die eigene Karriere geopfert werden – über die Dreistigkeit dieses „Expertenausschusses".

Am Ende hofft nicht nur der leidenschaftlich agierende Journalist mit blutendem Herz, der sich für das Wirken seiner Kollegen nur noch schämt, wann ein deutlich vernehmbarer Aufschrei durch die Republik geht. Letztlich gilt aber nicht nur in diesem Bereich die bittere Einsicht, dass es wohl neben Deutschland kein anderes Plätzchen auf diesem Erdball gibt, an dem man für Volksverdummung auch noch zahlt.

Es sind großspurige Etiketten, mit denen man in einer Zeit um sich wirft, die weniger vom Austausch begründeter Sachinhalte lebt, sondern vom Darbieten bloßer Totschlagargumente. Da wird die Meinungsfreiheit durch die Moralkeule wortgewaltiger Zuschreibungen wie Hass und Hetze, Desinformation und Fake News, Nazi und Faschismus so weit beschnitten, dass Diskussionen am Ende nur noch dann akzeptabel und hinnehmbar erscheinen, wenn sie linke Narrative bedienen – oder in Friede, Freude, Eierkuchen aufgehen.

Ein weiteres Prädikat, mit dem nahezu jede Debatte im Keim erstickt werden kann, hat seit der indirekten Verwendung durch Katrin-Göring Eckardt während der Europameisterschaft neue Brisanz erhalten. Man stelle sich vor, wie unsere Mannschaft abgeschnitten hätte, würde sie allein aus weißen Spielern bestehen, formulierte die Bundestagsvizepräsidentin sinngemäß. Sie sprach also mittelbar denjenigen Leistung, Talent und Können ab, die man in der politisch korrekten Manier als People ohne Color bezeichnen müsste. Eine nach Art. 3 GG unzulässige Herabwürdigung aufgrund der ethnischen Herkunft kann allerdings nur dann vorliegen, wenn sie farbige Menschen betrifft. Zumindest behauptet dies eine von Beginn an anrüchige Organisation namens „HateAid", die manch einem Nutzer in den sozialen Medien auch deshalb bekannt sein dürfte, weil sie dafür zuständig ist, denunziatorisch all das zu melden, was oberhalb und unterhalb der Strafbarkeitsgrenze an etwaigen Beleidigungen im Internet geäußert wird.

Sie hängt einer Definition des Rassismus an, die in ihrer logischen Konsequenz das Anprangern von Feindseligkeit gegenüber hellhäutigen Personen nahezu verunmöglicht. Xenophobie könne nur derjenige beklagen, der einem Volk oder einer Religionsgemeinschaft angehört, welche unter Kolonialismus und Nationalsozialismus gelitten haben. Es entspricht nicht nur einem Revisionismus und einer Klitterung der Vergangenheit, sich einer weit über Demut und Respekt vor dem damals Geschehenen hinausgehenden Kasteiung anzubiedern, die jeglichen Gedanken von Befriedung entgegentritt.

Letztlich ist es eine dem Pragmatismus der Aussöhnung Steine in den Weg legende Eigenverachtung persönlicher Lebensbiografien, für deren Scheitern aber kein Kollektiv, sondern das Individuum zuständig ist. Führt man diese ruinöse Haltung in ihrer Pauschalisierung fort, so können im Umkehrschluss sogenannte „Bio-Deutsche" jeglicher Identität und Souveränität beraubt werden – ohne sich hiergegen wehren zu dürfen. Westliche Kulturkreise werden damit zum Freiwild erklärt, die im Zweifel in einer masochistischen Manier alles über sich ergehen lassen müssen, was an Verunglimpfungen, Diffamierungen und Böswilligkeiten in Betracht kommt.

Es entspringt der Logik von Kollektivschuld und Gemeinschaftshaftung, wenn man Generationen nach Imperialismus und Drittem Reich jenen den Anspruch auf Ganzheit, Vollständigkeit und Geradheit aberkennt, deren Vorfahren sich gegebenenfalls grausamer und bestialischer Verbrechen schuldig gemacht haben. Wegen ihnen und ihrem Despotismus soll das Recht auf Unantastbarkeit für ihre Nachkömmlinge nicht mehr gelten.

Somit werden sie allein deshalb zur offen gehaltenen Zielscheibe für allen Frust und Zorn, den Gesellschaften und Weltanschauungen in der Ferne nicht allein aufgrund der Historie in sich tragen, weil ihre Gene nicht stimmen. Es ist nicht selten die Motivation zu Okkupation und Invasion, der in diesen Tagen Migrantenströme auf unseren Kontinent einfallen lässt. Da rufen

heilige Schriften zur Unterdrückung von
Andersdenkenden auf, deren Überzeugungen
zwar ebenfalls abrahamitischen Ursprungs sind,
aber aus der Sicht von Allah lediglich
unvollständige monotheistische
Glaubensrichtungen umschreiben, welche man
als Gesandte des einzig wahren Gottes durch die
Überführung eines christlichen Abendlandes hin
zu einer sarazenischen Wesenseinheit zu
komplettieren habe.

Der Auftrag zu Verdrängung, Ausgrenzung und
Delegitimierung ist also kein Geheimnis, sondern
ein formuliertes Gebot im Koran, der bei
Ökosozialisten in unseren Breiten mehr Gewicht
zu haben scheint als das Neue Testament. Dass es
bei der Verwirklichung eines Paradieses mit nicht
weniger als 72 Jungfrauen auch zur Anwendung
von Gewalt kommt, das zeigten vor ein oder zwei
Dekaden Anschläge in aller Herren Länder der
hiesigen Hemisphäre.

Heutzutage sind es dagegen Nadel- und
Messerstiche, die dezentral ausgeführt werden,
um eine vermeintliche Überlegenheit
Mohammeds zu demonstrieren. Diese von
linkslastigen Harmonietrunkenen als Einzelfälle
beschönigten Auswüchse von Mord und
Totschlag radikaler und fanatisierter Vertreter
einer buchstabengetreuen Auslegung diverser

Suren sind aus Perspektive von Toleranzinfiltrierten hinzunehmen, weil ihre Vorstellungen aus gesinnungsethischen Aspekten kein systematisches Infragestellen eines Verbundes mit autochthonen Wurzeln inmitten von Europa zulassen. Wir stellen also eine Opfergabe dar, die man herzuschenken bereit ist, da man sogar als kommunistischer Atheist bei Bedarf dem biblischen Prinzip von Auge um Auge, Zahn um Zahn anhängt. Jene sollen für die Geschichte büßen, deren Geburtsdatum weit nach 1945 liegt.

Sie sind der Offenbarung schutzlos ausgeliefert, weil nicht sein kann, was nicht sein darf. Und so graben wir uns immer tiefer ein in eine devote Selbstqual, die im Höhepunkt wohl die Negierung unserer Existenzberechtigung bedeutet. Das sich Aussetzen einer solchen Drangsal diejenigen weiterverfolgen, welche sich auch für natürliche Klimaschwankungen verantwortlich sehen. Einem mündigen Verfechter von gesundem Verstand, Bewusstsein und Stolz ist eine solche Leidenswilligkeit allerdings nicht abzuverlangen.

Das „Weiter so" ist immanent: Wann kehrst du um, lieber Bürger?

Ob nun SPD, Grüne, CDU, FDP, Linke oder BSW: Das Einheitskartell ist aktuell dabei, ein Gemälde für die Geschichte aufzuhängen. Darauf zu sehen die Impression des Künstlers Willy Stöwer aus dem Jahr 1912, das den schlichten Titel trägt: „Der Untergang der Titanic". Es steht sinnbildlich für das, was ein parteiliches Kollektiv in den vergangenen zwei Dekaden aus Deutschland gemacht hat. Allerdings ist es nicht nur ein einzelner Eisberg gewesen, den die Bundesrepublik seitdem gerammt hat – sondern eine ganze Kolonie.

Man erinnere sich an die Euro-Krise, den überhasteten Ausstieg aus der Atomenergie, die Unterstützung der westlichen Ausrichtung Kiews, der Tabubruch des „Wir schaffen das!", die Corona-Pandemie, das Heizungsgesetz, die Zensur von „Compact", das Zuschauen bei Messermorden und Machetenangriffen, der kulturelle Umbruch unserer christlich-abendländischen Prägung. Oder man reflektiert das Zensieren von Meinungen, das Schnüffeln in unserem Privatleben, das Herunterwirtschaften eines einstigen Exportweltmeisters, das Bärsten unseres Sozialstaates oder das Einkassieren von wesentlichen Freiheitsrechten. In stillem Gedenken an diese Verdienste soll etwas in unsere Annalen gemeißelt werden, was tatsächlich historische Ausmaße erreicht. Doch nicht nur der Rahmen dieses Eindrucks hängt schief. Auch der Nagel, an dem er prangt, sitzt noch nicht richtig.

Und so schlägt man mit dem Hammer überheblicher und arroganter Moral wieder und wieder auf ihn ein – und bemerkt dabei nicht, wie konsequent man danebenhaut. Auf Teufel komm raus soll ein politischer Widersacher verboten werden, auf den man auch deshalb so sehr eindrischt, weil die Wahrheit in einer Demokratur so schrecklich verpönt ist. Da ist es das Ablenkungsmanöver vom Scheitern und Versagen, mit dem man nicht nur das Rampenlicht von der fachlichen Inkompetenz der Regierenden wegwenden will, welches aktuell vor allem im Diffamieren der AfD seine Böswilligkeit, Feigheit und Demokratieverachtung entfaltet.

Man ist zur Preisgabe des individuellen Profils bereit – und verständigt sich fast ein Jahr vor den Wahlen insgeheim auf Präferenzen, die schon heute ein „Weiter so" erahnen lassen. So dürfte sich an der Massenmigration nur wenig ändern, falls Friedrich Merz der nächste Kanzler wird. Aber auch mit Blick auf die Transformation ist eine Kontinuität gewährleistet, seitdem selbst die Union ihre Liebe zur Wärmepumpe entdeckt hat. Bei der inneren Sicherheit stellt man auch künftig darauf ab, den Islamisten anzuflehen, seine Klingen nur außerhalb der Fußgängerzone mit sich zu führen. Wasserbassins bleiben geschlossen, weil zu viel Vielfalt den Badespaß trübt. Die Wirtschaft wird auch dann unter planvoller Reglementierung und einseitiger Subventionierung ächzen, weil offenbar nur Sigmar Gabriel der Fossilität nachtrauert.

Die Ukraine kann auf Langstreckenraketen hoffen, wenn Boris Pistorius oder sein Nachfolger aus den Fesseln des übriggebliebenen Scholz-Pazifismus gelöst sind. Und nicht nur Radwege in Peru vermögen es auch nach den kommenden Urnengängen, wohl fortwährend mit Krediten aus unseren Breiten zu rechnen, weil man im Zweifel noch ein paar Millionen aus der Pflegeversicherung klauen kann. Schließlich dürfte unser Sozialsystem nicht insolvent gehen, sondern lediglich seinen Leistungsverpflichtungen nicht mehr gerecht werden können.

Angesichts dieses Befundes ist es niemandem zu verdenken, recht pessimistisch in die Zukunft zu schauen. Insbesondere im Wissen um eine gewisse Lethargie in unserer Gesellschaft, die auch in der Vergangenheit erst dann gegen

Missstände aufbegehrt hat, als der Totalitarismus bereits weit fortgeschritten war, bleiben Zweifel an einer radikalen Trendumkehr. Parallelen in das Früher sind zwar immer heikel. Allerdings erinnern die momentanen Zustände durchaus an die Ausbildung von zwei Blöcken, von denen sich einer zur Definition des Richtigen aufschwingt – und der andere als Prügelknabe herhalten muss.

Wie lange werden es sich gerade Wähler der Alternative für Deutschland noch gefallen lassen, dass Koalitionen in den Ländern um den Abstimmungsgewinner herum gezimmert werden? Wie weit müssen wir noch in die Rezession abrutschen, dass der Aufstand der Vernunft manch einen Minister vom Thron stößt? Wie viele Flaschen dürften Rentner noch sammeln, ehe feministischen Vorzeigeprojekten in der Ferne der Geldhahn zugedreht wird?

Wie oft müssen sich Einzelfälle noch wiederholen, dass die Scheunentore geschlossen werden? Wie laut soll das Wehklagen derjenigen noch aufschrillen, die von den Lasten der Alimentierung des halben Globus erdrückt werden? Man kann als Journalist lediglich wieder und wieder appellieren, dass der Ausblick vom angewärmten Fernsehsessel auf die abendliche Tagesschau durchaus etwas Harmonisches haben mag. Doch die erkämpften Werte, Wachstum und

Wohlstand sind einfach zu schade, um sie einer Mentalität der Glückseligkeit zu opfern. Wer nicht mehr mit ansehen will, wie eine einst prosperierende Nation zum Schlusslicht wird, der sollte die Kontaktscham einen guten Mann sein lassen. Es ist Zeit für Bekenntnisse – und für weitere blaue Wunder.

Propaganda entlarvt:
Hilfe, die Blauen hatten recht!

Doppelmoral ist keine Tugend. Denn auch wenn sie mittlerweile zur Standardausrüstung von linken Politikern gehört, ist es wahrlich kein Verdienst, im Glashaus mit Steinen zu werfen, mit dem Finger auf Andere zu zeigen oder den Splitter im Auge des Gegenübers zu erkennen – ohne aber den Balken im eigenen wahrzunehmen. Es sind die psychologischen Instrumente der Verdrängung und Ablenkung, mit denen gerade jene hantieren, die mit ihrer eigenen Lebensbiografien und Leistungsbilanzen nicht zufrieden sein können.

Denn sie enden häufig auf freier Fläche des Völkerrechts, im Küchendienst oder als Toaster-Lobbyist. Wer einerseits selbst dem Sozialismus anhängt, sollte nicht über den Patriotismus des Widersachers schimpfen. Schließlich wäre jegliche Äußerung in dieser Hinsicht nicht nur geheuchelt. Sie ist stattdessen der hilflose Versuch, die Aufmerksamkeit und das Rampenlicht auf die zu richten, welche mit Faschismus deutlich weniger zu tun haben als jener, der sich aus ohne Scham und bewusstem Antrieb als Antifaschist deklariert. Das beständige Rufen nach Verbot, Repression und Zensur bleibt nun einmal das typische Merkmal des Totalitarismus. Wer sich dieser Instrumente bedient, der ist zur sachargumentativen Auseinandersetzung mit Konzepten, Positionen und Lösungsvorschlägen überfordert, von denen die Alternative für Deutschland trotz gegenteiliger Behauptungen und Anwürfen des bloßen Populismus durchaus eine ganze Reihe auf den Tisch legt.

Denn sie vermag es, in einer reflektierenden Art und Weise, Nächstenliebe als das zu verstehen, was beispielsweise auch die Bibel über sie hergibt. Das dortige Vorrangigkeitsgebot besagt unmissverständlich, dass die Zuwendung Gottes zu allen Menschen bedingungs- und endlos sein mag. In einem irdischen Geflecht der begrenzten Ressourcen, Kapazitäten und Möglichkeiten braucht es aber eine Abstufung. Denn es wäre absurd, in einem ohnehin vergänglichen Konstrukt der Utopie anzuhängen, man könne von Europa aus jedem Schicksalsgeplagten in allen Herren Ländern Hilfestellung geben.

Dieses globalistische Bemühen, persönliche Insuffizienzgefühle zu kompensieren, indem man sich kasteit, erniedrigt und das letzte Hemd hergibt, rührt trotz des großen Abstandes zu den Verbrechen des Dritten Reiches aus einer ideellen Weitergabe von Kollektivschuld, der es allerdings schon deshalb an Substanz und Begründung fehlt, weil die Übernahme gemeinschaftlicher Verantwortung lediglich in einem mahnenden Sinne verstanden werden kann. Mittlerweile sind nur noch wenige unter uns, die mit dem Hitler-Regime in direktem Kontakt standen. Wenngleich es jene nicht glauben mögen, die die Last einer gemeinschaftlichen Haftung als Ausgleich für individuelles Scheitern und Versagen auf ihren Schultern platzieren müssen, so gibt es keine genetische Weitergabe einer Bürde für Geschehenes, das man aufgrund des Geburtsdatums gar nicht mehr zu beeinflussen in der Lage war.

Wer sich im weltanschaulichen Untergang befindet, weil das Kartenhaus von Vielfalt und Toleranz nicht nur durch den exzessiven Gebrauch von Messern in der Gegenwart in sich zusammenbricht, der schlägt im Zweifel willkürlich um sich. Und genau das geschieht gerade, wenn die unterschiedlichsten Parteien, Prominenten und Persönlichkeiten aus der zweiten und dritten Reihe in einer groben und dreisten Leichtfertigkeit nach einem Dekret des Bundesverfassungsgerichtes schreien. Dieses schärfste Schwert in unserer Demokratie ist Konstellationen vorbehalten, in denen der plausible, konsistente und substanzielle Nachweis erbracht werden kann, dass ein politischer Akteur

nicht nur aus Sicht einer weisungsgebundenen
Behörde als rechtsextremistisch einzustufen ist.
Es bedarf darüber hinaus zur Pauschalisierung
geeigneter Tatsachen, die die Annahme zulassen,
dass der aggressiv-kämpferische Umbruch der
derzeitigen Ordnung angestrebt wird.

Wer es schafft, ein Stück weit von den
Scheuklappen zurückzutreten, dass die Forderung
nach Remigration mit der Deportation von
Millionen an deutschen Staatsangehörigen mit
ausländischen Wurzeln gleichzusetzen sei, der
wird auch zu der nüchternen Erkenntnis
gelangen, dass die nach dem Aufenthaltsgesetz
vorgesehene Abschiebung von ausreisepflichtigen
Personen nichts mit Xenophobie zu tun hat –
sondern mit der Einhaltung von Regelbasiertheit
und Normativität.

Es mag bereits obsessive Züge tragen, sich
krampfhaft vor Schwarz-Rot-Gold zu ekeln, um
mit seinen Gedanken in einer Zukunft der bunten
Paradiesvögel zu verhaften – die allerdings eher
heute statt morgen mit der Realität konfrontiert
scheinen. So ist es SPD-Generalsekretär Kühnert,
der sich nie zu schade dafür war, die
Flüchtlingsströme nach Europa durch weitere
Sogeffekte zu verstärken, um nun plötzlich
feststellen zu müssen, dass die multikulturelle
Bereicherung gar nicht so harmonisch ist, wie

man es sich unter Genossen vorgestellt hat. Da importieren wir von Antisemitismus bis Homophobie sämtliche Mehrwerte, die eine offene und liberale Einheit nicht braucht. Und purzeln aus allen Wolken, wenn wir in der bereits genannten Vielzüngigkeit attestieren, dass Scharia und Grundgesetz eben doch nicht derart kompatibel sind, wie uns das Islamverbände weismachen wollen.

Vielleicht wäre es der Weitung des Horizonts zuträglich, sich nicht nur für die Preisgestaltung des Döner-Verkäufers um die Ecke zu interessieren. Sondern einen Blick in die Programmatik jener Oppositionellen zu werfen, denen man mit dem erhobenen Zeigefinger allein deshalb Rassismus vorwirft, weil sie bereits vor einer Dekade davor warnten, dass das zwanghaft verordnete Zusammenleben unterschiedlichster Ethnien auf einem geografisch begrenzten Raum früher statt später zu Spannungen, Missgunst, Hass und Gewalt führen muss.

Es waren sogar Grüne, die schon weit vor Merkels Tabubruch die Unmöglichkeit eines funktionierenden Vielvölkerstaates voraussagten. Wer sich nun auf die Blauen einschießt, weil sie nun einmal mit ihren Prognosen richtig lagen, der stemmt sich mit Händen und Füßen gegen die Verbitterung, dass die Perspektive auf Einklang begraben werden muss, bevor sie auch nur ansatzweise ausgesprochen ist. Es sind nicht nur die drastischen Geschehnisse in den Fußgängerzonen, Freibädern und Parks unserer Städte, die als bittere Erkenntnis das Fundament jeglicher Märchenerzählung vom pluralistischen Miteinander erodieren. Ideologie taugte noch nie dazu, in die Realität umgesetzt zu werden. So wird sich eine Planwirtschaft genauso wenig realisieren lassen wie eine Plangesellschaft. Für diese Enttäuschung kann allerdings die AfD nichts. Daher ist es wahrscheinlich eine Mischung aus Neid und Frustration, dass ausgerechnet diejenigen Weitsicht bewiesen, welche man von Anfang an aufgrund ihrer Rationalität und Vernunft geschmäht hat.

Dann schwimmen nicht nur die Fälle davon, sondern mit ihnen gleichzeitig auch Luftschlösser, Kopfgeburten und Fiktionen über das freundschaftliche Beisammensein von Salafismus und Queerismus. Und die Leidtragenden sind Sympathisanten, Wähler, Mitglieder und Funktionäre eines Gegners, der sich nicht von Trugbildern und Illusionen hat blenden lassen. Der Inhaber von Wahrheit ist stets der Eifersucht ausgesetzt. Deshalb darf er sich mit jeder neuen Diffamierung, Brandmarkung und Denunziation bestätigt fühlen, wie Recht er mit seinen Standpunkten doch hat.

Die Demokratie ist verunglückt: Weitergehen, nichts zu sehen!

Es gab bereits die Allianz des Bösen. Und seit geraumer Zeit existiert nun auch die Allianz des Guten. Sie erstreckt sich von der CDU bis zur Linkspartei – und beansprucht mittlerweile sogar die Markenrechte an der Demokratie. Denn alles, was sich jenseits der Union abspielt, kann schon allein deshalb nicht mehr im volksherrschaftlichen Sinne sein, weil der selbstverständlich in seiner Entscheidungshoheit völlig unabhängige Verfassungsschutz mit Stempel und Etikett festgestellt hat:

Auf dem Boden des Grundgesetzes steht im Zweifel nur noch derjenige, der spätestens vorgestern seine Ölheizung gegen eine Wärmepumpe getauscht, den Kühlschrank von Mett und Gehacktem leerräumt, den SUV gegen das Lastenfahrrad getauscht, sein Geschlecht in den vergangenen zwölf Monaten mindestens viereinhalb Mal gewechselt, sich als Reservist für die Verteidigung unserer Sicherheit im Donbass gemeldet, seine Gunst wechselseitig auf die Seite von Washington oder Brüssel gestellt, Schwarz-Rot-Gold eingerollt und den Regenbogen gehisst, wenigstens die Küche für einen Flüchtling aus Syrien geräumt, einen heimischen Hochaltar zur

Anbetung von Habeck errichtet, „Nazi" oder „Faschismus" zur dauerhaften Verwendung in seinen Wortschatz einprogrammiert, der Hauskatze zugunsten des Klimawandels das Atmen verboten, bei der Anschaffung einer neuen Schreibtischlampe auf ein ökoveganes Label geachtet, Russland viertelstündlich für Desinformation verurteilt oder Olaf Scholz für jede neue Zeitenwende gehuldigt hat.

Selbst zu denken und zu eigenverantwortlichen Befunden zu gelangen, das ist im Deutschland des Jahres 2024 nicht nur überbewertet, sondern bei willfährigen Demonstranten für Vielfalt, Toleranz und Nächstenliebe gar verpönt. Schließlich lässt es sich bequemer leben, wird man nicht ständig mit dieser lästigen Aufgabe strapaziert, sowohl am öffentlich-rechtlichen Rundfunk Kritik zu üben – wie auch bei jeder Beteuerung der Ampel schon aus Prinzip eine maximale Skepsis anzumelden.

Wie bunt mögen Milch und Honig durch die Wohnzimmer fließen, wenn man sich angepasst auf all das verlässt, was uns von grünem Wirtschaftswunder à la Propeller und Panels bis zu massenhafter Abschiebung von Migranten und Debütanten an Führungsstärke durch den Kanzler versprochen wird. Weder die Kurve der Naivität noch der des Verstandes scheinen eine oben beziehungsweise unten begrenzende Tangente zu kennen. Bisweilen fragte man sich, wie sich ein Dasein anfühlen mag, in dem das Individuum in völliger Abschottung von der Außenwelt täglich neu mit Utopien, Versprechungen und Lügen berieselt wird. So denke man beispielsweise an den äußerst synchronen Applaus in Peking oder Pjöngjang, welcher wie ein eingeübtes Schauspiel von Marionetten anmutet – aber zumindest partiell gewisse Ähnlichkeit zu dem aufweist, was manch eine blökende Schafherde vor dem Brandenburger Tor an bemitleidenswerter Lobhudelei für die erfolgloseste Koalition seit Beginn der Wetteraufzeichnungen darbietet. Plumper und profaner kann man Natürlichkeit, Kindlichkeit und Arglosigkeit nicht unter Beweis stellen, als gegen rechts zu trommeln oder zu stricken.

Da hatte man doch eigentlich darauf gehofft, dass zwei Diktaturen in der jüngeren Vergangenheit Eindruck hinterlassen würden. Doch die Sensitivität für Despotismus hat allenfalls zwei Dekaden gehalten – ehe sich ein nicht unbeträchtlicher Teil unserer Gesellschaft durch den Tabubruch von Angela Merkel einer erneuten Willkür aussetzen ließ. Unmittelbar schloss sich der Corona-Absolutismus an, der den Bürgern wesentliche Grundrechte entzog – und sein autoritäres Gebaren so geschickt unter dem Deckmantel angeblicher Wissenschaftlichkeit versteckte, dass das Aufwachen aus der Märchenerzählung einer die Zivilisation geretteten Impfung unnötig viel Zeit in Anspruch nahm. Und nachdem den Deutschen ohnehin eine gewisse Lethargie nachgesagt wird, weil es im Zweifel Kriege und Katastrophen braucht, um sie vom täglichen Genuss der „Aktuellen Kamera" beziehungsweise der „Tagesschau" wegzuholen und auf die Straße zu bringen, schlittern wir seither von einem Testlabor ins nächste.

Im Zuge der Verabschiedung des Heizungsgesetzes waren wir auch ganz offiziell Versuchskaninchen, an denen die Obrigkeit ausprobierte, wie weit sie die Geduld der Untertanen strapazieren kann. Und es hat sich gezeigt: Wir sind offenkundig zu noch viel mehr Okkupation durch den Staat bereit. Wir lassen ihn im Zweifel nicht nur in unseren Keller blicken, ob wir auch tatsächlich den Gashahn zugedreht haben – oder Horch und Guck auf dem Essenstisch prüfen, wie viel an Kohlenstoffdioxid verbrauchendem Rindfleisch die versammelte Familie zu sich zu nehmen gedenkt.

Frau Faeser scheint sogar gewillt, bei Bedarf das gesamte Haus unbemerkt durch ein Sondereinsatzkommando auf etwaige Beleidigungen hin durchsuchen zu lassen. Sie nimmt uns liebgewonnene Zeitschriften, um sie nach einer Eilentscheidung des Bundesverwaltungsgerichts wieder herauszurücken. Meinungen unterhalb der Strafbarkeitsgrenze spürt künftig eine Künstliche Intelligenz auf, damit die Polizei in diesem Land beschäftigt ist und nicht etwa auf die irrwitzige Idee kommt, Attentäter zu verfolgen. Denn die Verhältnismäßigkeit ist in unseren Gefilden mittlerweile derart degeneriert, dass man für halbe Parolen eine hohe Zahl an Tagessätzen blechen muss – gleichzeitig als unbescholtener Mann die Anklagebank verlässt, weil das Vorgaukeln einer göttlichen Mission sogar als Ausrede taugt, um nach einer terroristischen Gewalttat selbst die forensische Psychiatrie umgehen zu können.

Viel von dem, was übertrieben klingt, ist längst kein Kapitel aus Büchern der Gebrüder Grimm mehr. Stattdessen erscheint die Absurdität der Verhältnisse heutzutage so eklatant, dass man sich im kommunistischen Kuba angesichts der mordsmäßigen Geschwindigkeit neidisch die Augen reibt, mit welcher ein einstiges Vorbild für Gerechtigkeit, Rechtsstaatlichkeit und Freiheit an die Wand fährt. Wer hätte also gedacht, dass Honecker ein letztes Mal applaudiert, weil sich trotz allen „Nie wieders" eine Hardcore-Version der DDR drei Jahrzehnte nach ihrem geglaubten Untergang doch noch realisieren ließ?

Multikulti kennt nicht einmal die Bibel!

Es gibt Totschlagargumente, die entlarven sich ihrer Profanität bereits aus der Wortgewalt heraus, welcher es an jeglichem inhaltlichen und substanziellen Unterbau fehlt. Denn sie sind derart geschichtsvergessen, dreist und billig, dass nur derjenige auf sie hereinfallen kann, dem es entweder an Bildung oder dem Schrank für die Tassen fehlt, in dem man als erwachsener Mensch doch wenigstens ein Gros noch beisammenhaben sollte. Aber da braucht es nicht einmal die „Omas gegen rechts", um zu der nüchternen Erkenntnis zu gelangen, dass Lebenserfahrung und Altersweisheit nicht unbedingt etwas mit Rationalität und Pragmatismus zu tun haben müssen.

Es sind auch die vielen Demonstranten vor dem Brandenburger Tor oder dem Willy-Brandt-Haus, die mit ihrem Krakeelen von „Nazis töten", „Nie wieder" oder „So hat es damals auch angefangen" plumpe Schlichtheit zur Schau stellen. Und bisweilen hat man den Eindruck, dass unser Verfassungsschutz ausgerechnet in diesem Dunstkreis nach neuen Mitarbeitern sucht, für die eine ziemlich übersichtliche Jobbeschreibung gilt. Grünenliebe und Heimathass sind hinreichende Eigenschaften, um sich in den Dienst der Regierung zu stellen, zu observieren wie spionieren – und volksherrschaftliche Prinzipien aus den Angeln zu heben. „Big Brother" wird zum Entscheider und Richter gleichermaßen, obwohl man doch weder der ersten noch dritten Gewalt in unserem System angehört.

Und so begeben sich die Schlapphüte immer wieder neu auf ein ziemlich instabiles Terrain, wenn sie mit ihren Prädikaten und Stempeln um sich werfen – und mittlerweile wohl jeden als rechtsextremistisch brandmarken, der im mit Öl geheizten Esszimmer sein Schweineschnitzel zelebriert, die Inhalte als russisch unterwandert geltender Medien inhaliert, seinen SUV regelmäßig poliert, den Balkon mit Schwarz-Rot-Gold dekoriert, seine Männlichkeit nicht kaschiert, an der Wahlurne die AfD honoriert, Annalena Baerbock mit exzellentem Englisch brüskiert, Robert Habeck in der Prozentrechnung düpiert, mit Eigenleistung statt Bürgergeld brilliert, Werbung für Wärmepumpen und Photovoltaikanlagen ignoriert, allen Schwindel von Olaf Scholz demaskiert, Alice Weidel hofiert, den ÖRR kaum noch konsumiert, die Junge Freiheit abonniert, seine Nachbarn nicht mit toleranter Ideologie infiltriert und darüber hinaus insistiert, sobald in einer Diskussion die Moralkeule schikaniert. Standhaft zu bleiben und

Rückgrat zu zeigen, das fällt in einer Zeit nicht leicht, in der man mittlerweile ohne schlechtes Gewissen und in völliger Inbrunst attestieren muss, dass die Ideale des dieses Landes vor allem noch auf dem Papier existieren. Letztlich scheint mehr als ein Minimalkonsens aktuell nicht möglich zu sein. Das hat der zurückliegende Tag der Einheit noch einmal eindrücklich bewiesen. Und so bleibt eine anmaßende und übergriffige Skepsis von Seiten der Mächtigen gegenüber dem Pöbel, dem man bedarfsweise mit Repression untermauert.

Beobachtung und Gängelung durch Horch und Kuck waren die Bürger in der DDR gewohnt. Dass dreieinhalb Dekaden nach der Wende ein sich als liberal schimpfendes Staatsgefüge keine anderen Instrumente zur Stabilisierung des gesellschaftlichen Zusammenhalts vorweisen kann, als mit Meldestellen die Denunziation anzuheizen, Polizei und Behörden mit Anzeigen wegen Bagatellen zu überhäufen, in Schlumpfhausen bei Bedarf die Kavallerie von Faeser vorbeizuzuschicken, ungeliebte Presse und gegnerische Wettbewerber zu verbieten, Verfassung und Gesetze durch das Befördern der illegalen Migration praktisch zu negieren, mit einer Märchenerzählung über die Desinformation des Kreml jeglichen Widerspruch gegen die Ampel anzuprangern, Witze über die Regierung zur Todsünde zu erklären, rechtes Gedankengut als faschistoid zu verunglimpfen, Meinungsäußerung unterhalb der Strafbarkeit Grenze zu sanktionieren, im Zweifel unbefugt in die Wohnungen von Bürgern eindringen zu wollen oder das Parlament durch eine Räterepublik zu ersetzen, das ist nicht nur despotisch und absolutistisch, sondern ein Verbrechen an der mühsam erarbeiteten Demokratie. Ansichten, die nicht in das vielfältige und bunte Konzept eines multikulturellen Sammelbeckens passen – in dem sich am Ende alles wiederfindet, was bei einem Hauch an Vernunft für jeden einsichtig von der Evolution nicht ohne Grund mit unterschiedlichen Merkmalen ausgestattet wurde -, gelten umgehend als nationalistisches Gedankengut, das die gutmenschliche Seele anekeln muss.

Dabei ist die Ideologie des Ethnopluralismus nur dann eine Empörung wert, folgte aus ihr die pauschale und generelle Abneigung, Benachteiligung und Hetze gegenüber dem Fremden ausschließlich aufgrund dessen Herkunft. Doch man wird rund acht Jahrzehnte nach dem Ende der Hitler-Diktatur mit einem Vergrößerungsglas nach jenen Ausschau halten müssen, die aus Prinzip das Unbekannte verachten. Dagegen ist es eine völlig legitime Auffassung, die zunächst separierten Gruppen auf

diesem Globus zumindest überwiegend in diesen
Verbünden zu belassen – weil sie sich dort am
ehesten identifizieren und akklimatisieren. Das
obsessive verordnete Zusammenleben von
Spezien aus sämtlichen Himmelsrichtungen auf
einem geografisch begrenzten Raum stellt einen
widernatürlichen Eingriff in die
Schöpfungsordnung dar.

Denn bereits in Jeremia 31,10 in der Bibel wird
am Beispiel der Auserwählten klargestellt, dass
die Versprengung von Stämmen nicht ihrem
Sinne entspricht: „Höret, ihr Völker, des HERRN
Wort und verkündet's fern auf den Inseln und
sprecht: Der Israel zerstreut hat, der wird's auch
wieder sammeln und wird es hüten wie ein Hirte
seine Herde" (LUT). Wir können uns also
weiterhin krampfhaft auf die paradiesische
Utopie verlassen, dass sich irgendwann auch der
Messermann und die Transfrau in den Armen
liegen. Besonders verantwortungsvoll und
weitsichtig ist solch eine Manier allerdings nicht.
Ihre Nebenwirkungen sind klingenscharf. Und der
Mehrwert für Individuum und Kollektiv bleibt so
lange marginal, wie Naivität den Verstand
aushebelt.

Eigentlich wissen wir es bereits aus Corona-Zeiten: Wenn das inoffizielle Gremium der Ministerpräsidentenkonferenz zusammentritt, kommt am Ende meistens nichts Gutes dabei heraus. Und so waren auch die Zusammenkünfte von Kanzler Scholz mit den Regierungschefs der Länder zum Thema Flüchtlingskrise über seine gesamte Amtszeit hinweg substanzlos geblieben.

Jedes Mal ein neues Stückwerk, ein Drehen an einzelnen Stellschrauben. Ein Konzept oder gar eine effektiv wirksame Strategie – um endlich wieder vor den Zug zu kommen und ihm nicht ständig hinterherzulaufen – war auch dieses Mal nicht dabei. Natürlich mussten kritische Beobachter der Regierung mit solch einem Ausgang rechnen. Denn was wir von den Versprechungen der Ampel halten können, das wissen wir spätestens seit der „Zeitenwende" und dem „Doppel-Wumms". Dass sich der SPD-Politiker vor durchgreifenden Maßnahmen drückt, hängt nicht etwa an den fehlenden rechtlichen Möglichkeiten. unlängst sind neue Gutachten und Expertenmeinungen bekannt geworden, welche ausdrücklich die juristischen Fallstricke verwerfen, welche man uns stets als

Hemmnisse für eine vehemente Remigration verkaufen will. So ist es mitnichten so, dass in ein Land wie Afghanistan allein deshalb nicht abgeschoben werden darf, weil dort ein Regime der Taliban herrscht. Gemäß Art. 16a GG muss viel eher eine individuelle Verfolgung vor Ort vorliegen, die sich als Maßgabe nicht durch die pauschale Ausrede einer Bedrohung durch autoritäre Herrscher erfüllen lässt.

Wie auch bei Ukrainern keine generelle Befugnis auf eine Hilfestellung besteht, weil ein allgemeiner Kriegszustand nicht unmittelbar zu einer persönlichen Existenzgefährdung führen muss, ist gerade auch einem Staatsbürger aus einem Kalifat prinzipiell zumutbar, in jenen Gefilden zu verbleiben oder dorthin zurückzukehren, wo diktatorische Zustände vorherrschen. Schlussendlich ist der Maßstab für die Bewertung eines etwaigen Status nicht etwa an unsere westlichen Erwartungen des demokratischen und freiheitlichen Miteinanders anzulegen.

Wer in einer Sphäre aufgewachsen, sozialisiert und integriert ist, die allein aus unserer Perspektive als gefährlich zu betrachten scheint, kann sich nicht unmittelbar darauf berufen, ein Verlangen nach Asyl zu besitzen. Weiterhin gehen wir in unserer kollektivhaftenden Haltung der

Unterwürfigkeit stets von der hiesigen Warte aus. Letztendlich gilt in allen Konstellationen das für jede mündige Nation auf diesem Globus das gemeinschaftlich respektierte und verbriefte Prinzip, wonach ausschließlich derjenige über das Hausrecht bestimmt, welcher einem Fremden Obdach und Versorgung gewährt. Wer beispielsweise durch ein schwerstkriminelles Verhalten sein Privileg als Gast verwirkt, kann sich selbst beim Verweis auf die Flüchtlingseigenschaft oder den subsidiären Schutz nicht in jedem Fall sicher sein, auch weiterhin bei uns geduldet zu werden. Viel eher liegt die Messlatte an dem jeweils einzeln abzuwägenden Risiko, im Falle einer Ausweisung ins Heimatland über Gebühr von Repression, Gängelung und Tyrannei betroffen zu sein.

Insofern ist nicht der Blickwinkel unseres Verständnisses von Integrität und Souveränität entscheidend, sondern das Erträgliche unter Berücksichtigung der ohnehin vorherrschenden Gegebenheiten in der Ursprungsdestination. Dass die Gotteskrieger immer wieder erklärt hatten, sie seien ohne Umschweife jederzeit bereit dazu, Personen aus ihrem Einflussbereich wieder bei sich aufzunehmen, die bei uns kriminell geworden sind, wird insbesondere durch die toleranztrunkenen Grünen stets unberücksichtigt gelassen – beziehungsweise reaktionistisch als

Trugbild verkauft. Denn in Wahrheit sind sie der größte Bremsblock in dieser Koalition, der sich anstelle von Restriktionen offen dafür zeigt, neuerlich Zehntausende aus dem Mittleren Osten bei uns willkommen zu heißen. Somit ist unmissverständlich klar, dass es am politischen Willen einer nunmehr um die Einstelligkeit in den Umfragen ringenden Partei geht, welche sich in diesem Bündnis mit Sozialdemokraten und Liberalen bei nahezu allen wichtigen Entscheidungen der laufenden Legislaturperiode durchgesetzt hat – und damit wesentliche Verantwortung an den Geschehnissen von Mannheim über Frankfurt bis Gera trägt.

Nachdem sie sich in ihrer Ideologie mit der Innenministerin auf einer Wellenlänge sehen, verpufft jede Ankündigung über eine härtere Gangart innerhalb weniger Stunden. Und so wird sich auch nach dieser neuesten Unterredung nichts Grundsätzliches an der Situation verändern, dass unsere enormen Pull-Faktoren zu einem weiteren Sogeffekt führen, der die Flutung des Kontinents mit illegalen Einwanderern intensiviert. Wenngleich die Bezahlkarte ein Baustein sein kann, welcher zumindest diejenigen wieder nach Hause bewegen dürfte, die ausschließlich auf der Suche nach einem sozialen Netz und einem wirtschaftlich besseren Dasein gewesen sind, bleibt es bei Makulatur.

Dass selbst eine solche Kleinschrittigkeit durch die Ökologisten noch torpediert wird, obwohl die dauerhafte Gewährung von Sachleistungen problemlos mit dem Grundgesetz in Einklang zu bringen ist, bleibt bezeichnend für alle, die einer „weißen" Fußballmannschaft weniger zutrauen als einer bunten.

Karlsruhe hatte bereits mehrfach darauf hingewiesen, wonach es verhältnismäßig und legitim ist, jene vom Bargeldbezug auszuschließen, die bis zu ihrer Ankunft in Deutschland und auch danach keinen einzigen Cent in die Steuerkasse einbezahlt haben. Ein diametraler Mentalitätswechsel wäre erst dann gelungen, wenn es endlich zu einer raschen Verwirklichung der Pläne kommen würde, bereits an den EU-Außengrenzen eine Vorabprüfung vorzunehmen, ob ein Ankommender tatsächlich eine erwartbare Bleibeperspektive besitzt und konkludent wie plausibel anerkannte Fluchtgründe vorbringen kann.

Blickt man auf Großbritannien, so werden uns von der Insel die denkbaren Optionen vor Augen geführt, welche natürlich auch uns bleiben würden, gäbe es eine entsprechende legislative Zustimmung. Denn auch bei uns ist der legislative Gestaltungsspielraum enorm – und geht weit über das hinaus, was uns momentan von der

Obrigkeit und den Medien an Eventualitäten verkauft wird. Es findet sich keine gesetzliche Normierung, welche nicht durch einfache Mehrheiten veränderbar wäre, die es zwingend vorschreibt, wonach die Verfahren zur Feststellung von Ansprüchen unter Anwesenheit des Betroffenen auf unserem Territorium durchgeführt werden müssten. Stattdessen ist eine Auslagerung ein gangbarer Weg, welche allerdings nur in der Kombination mit einer Festung Europa Sinn machen würde, welche die Unversehrtheit unserer Autonomie garantieren könnte.

Moralinsaure Reflexartigkeit der Empörung durch die Pluralisten hat mittlerweile nicht nur einen immensen finanziellen Schaden angerichtet, sondern durch Messerattentate zu Verletzten und Toten beigetragen. Insbesondere unter dem Eindruck dieser Schuld der aktuell an der Macht Sitzenden, der die eklatante Verletzung des geschworenen Eides untermauert, ist es die hinlängliche Aufgabe des Wahlvolkes, sich an der Gabelung über die Abwägung bewusst zu werden, inwieweit man sich weiterhin durch den gespielten Puritanismus blenden lassen will, der sämtliche Reformen blockiert – und den Deutschlandhass der Etablierten ungeschönt entlarvt.

Verrat und Verleugnung haben eine lange Geschichte. Und sie reichen auch deutlich weiter in die Vergangenheit zurück als beispielsweise in die biblischen Zeiten, als Jesus gleich doppelt preisgegeben wurde. Nicht nur einer seiner engsten Wegbegleiter hatte sich von ihm distanziert, ehe der Hahn krähte. Sondern es war vor allem auch Judas, der den christlichen Messias offenbarte. Möglicherweise liegt es an diesem religiösen Hintergrund, dass in Deutschland diejenige Partei an solch einer Verhöhnung des Volkes besondere Freude hat, die am „C" im Namen bei ehrlicher Betrachtung nur aus ironischen Aspekten festhält.

Denn die Tugenden von Wahrheit, Ehrlichkeit, Glaubwürdigkeit und Verlässlichkeit, welche wir als empfohlene Verhaltensweisen aus der Heiligen Schrift ans Herz gelegt bekommen, sind denjenigen erkennbar völlig egal, die vor noch nicht allzu langer Zeit angekündigt hatten, das sogenannte Heizungsgesetz der Ampel bei einer Vorherrschaft kurzerhand rückgängig machen zu wollen. Und über die nun immer wieder Meldungen auftauchten, man habe sich bei Gesprächen innerhalb der CDU darauf verständigt, von diesem Plan abzulassen.

Demnach schwang sich unter anderem der zu früheren Zeiten lobbyistisch für die Erneuerbaren-Industrie werbende Klimaexperte seiner Partei, Andreas Jung, kurzerhand und ungeniert dazu auf, Friedrich Merz davon zu überzeugen, zur einstigen Versprechung ohne Not Distanz einzunehmen – und lediglich kleine Änderungen an dem vorzunehmen, was die derzeitige Regierung an Zumutungen gegenüber der Bevölkerung beschlossen hat.

Waren es bislang vor allem ökologische Abgeordnete wie Andreas Audretsch, welcher sich bedenkenlos in den Sozialen Medien mit seinem Ein- und Ausgehen bei Unternehmen aus der Transformationsbranche hervortat, demaskieren sich die Christdemokraten wieder einmal als ein völliger Umfaller, auf den ein Wähler nicht setzen kann, der sich von Ankündigungen mehr erhofft als eine mediale Nebelkerze – die spätestens dann wieder verraucht ist und sich in Luft aufgelöst hat, wenn Ricarda Lang ihren Charme aus dem Vorruhestand noch einmal spielen lässt, um für ein schwarz-grünes Bündnis nach den nächsten Wahlen zu werben. Und so dürfte der Vorsitzende im Konrad-Adenauer-Haus dem Reiz erlegen sein, für eine Einflussoption mit einer programmatisch völlig diametral verorteten Kraft sämtliches Profil herzuschenken – und damit nicht nur die Stammklientel für dumm zu verkaufen, sondern glücklicherweise weit vor den nächsten Abstimmungen das wahre Gesicht zu präsentieren. Natürlich weiß man seit langem um die konsistente Verhaftung dieses vor vielen Jahrzehnten noch als konservativ geltenden Wettbewerbers im etablierten Kartell. Doch selten erdreistete man sich derart schamlos gegenüber den eigenen Anhängern – und brüskierte vor allem jene Öffentlichkeit, welche in ihren Alt- und Bestandsbauten von Fachleuten davor gewarnt werden, die Wärmepumpe als ein Allheilmittel zu begreifen.

Stattdessen zeigen Erfahrungen von Hausbesitzern, welche enormen Summen aufgewendet werden müssen, damit diese Geräte auch nur ansatzweise effektiv arbeiten. So höre ich in meinem Umfeld nicht selten von vier- bis fünfmal so hohen Stromkosten wie vor dem Einbau – und dies unter der gleichzeitigen Maßgabe, bereits fünf- oder sechsstellige Beträge für eine energetische Sanierung aufgewendet zu haben. Es kommt einer beispiellosen Anbiederung und Interferenz mit einem wirtschaftlichen Nischensegment gleich – welche man in der landläufigen Wahrnehmung durchaus als ein korrumpierendes Vorgehen betrachten könnte -, mithilfe derer sich Merz augenscheinlich dieser Tage in größtmöglicher Begeisterung für die Fixierung auf eine einzelne Technologie aussprach, welche vielen Menschen in diesem Land die Altersvorsorge nehmen wird. Denn aufgrund einer unendlichen Prolongierung der Amortisationszeit wird sich die Investition in vielen Fällen wohl nie lohnen – und auch nach Dekaden nicht zu einem ausgeglichenen Kosten-Nutzen-Verhältnis führen. Somit erwartet uns bei einer entsprechenden Koalition der weitere Abbau von Wohlstand, Prosperität und Wachstum.

Und das alles nur, weil sich von Union bis Linke alle Alteingesessenen der fanatischen Ideologie eines brachialen Austritts aus der Fossilität verschrieben haben – ohne bis heute belastbare und konsistente Nachweise dafür vorbringen zu können, dass diese gigantische Umrüstung in der Bundesrepublik irgendetwas an den weltweiten Durchschnittstemperaturen ändern wird. So kommt der Wolf im Schafspelz daher, wenn sich Linnemann auf der einen Seite immer wieder zu der Beteuerung hinreißen lässt, Habeck und Baerbock seien die inhaltlich größten Konkurrenten seiner Partei. Gleichzeitig nutzt sein Chef aber sämtliche Chancen genüsslich aus, die Vorliebe zu ihnen auch deshalb zu artikulieren, weil er auf persönlicher Ebene mit den Vertretern der SPD weniger gut klarzukommen scheint. Am Ende ist es also einigermaßen egal, welches Miteinander sich nach künftigen Wahlen abzeichnet. Ohne eine kraftvolle Stellung von Parteien abseits dieses Konsortiums wird es keine Trendwende geben. Wer tatsächlich bisher noch immer dem Glauben anhing, die mehrheitliche Gegenkraft im Bundestag zeige irgendeine Bereitschaft zur diametralen Abkehr von dem verkopften Kurs der Umweltfanatiker, sollte sich spätestens jetzt nach einer Alternative auf dem Stimmzettel umschauen.

Schließlich geht es keinem dieser Weltenretter darum, irgendeinen Eindruck bei der Partikelzusammensetzung in unserer Atmosphäre zu hinterlassen, sondern sich am ideellen Filz und der mauschelnden Kumpanei zu beteiligen, die augenscheinlich in verschiedenen Ministerien Einzug gehalten haben. Während Angela Merkel mit ihrem „Wir schaffen das!" in Erinnerung bleiben wird, könnte es bei Merz am Ende das „Weiter so" sein, das seine politische Karriere abrundet. Beide haben ihre Illoyalität mit Blick auf den geleisteten Eid beziehungsweise die staatstragende Funktion als Oppositionsführer mit ihrer jeweiligen Philosophie der Offenbarung untermauert. Während die frühere Kanzlerin mit der Flutung unseres Kontinents durch Migranten Sicherheit und Ordnung aufs Spiel gesetzt und damit dem Volk Schaden zugefügt, statt es vor ihm bewahrt zu haben, ist es bei ihrem aktuellen Nachfolger im Amt des großen Konservativen der Vertrauensbruch gegenüber dem Bürger noch vor einer etwaigen Machtübernahme. Wer sich weiter mit Naivität und Verblendung schwängern lassen will, der möge sich im Nachhinein aber auch nicht darüber empören, den letzten Notgroschen im Zweifel den milliardenschweren Profiteuren einer geothermischen Reißbrett-Ökonomie in den Rachen werfen zu müssen.

In der Gegenwart scheint es en vogue zu sein, gewisse Wissenslücken auch öffentlich zur Schau zu stellen. Da präsentiert uns Robert Habeck seine Kunde über die Insolvenz von Firmen, die es ja eigentlich gar nicht gibt – weil Unternehmen in einem solchen Fall lediglich ihre Produktion einstellen. Auch mit dem Rechnen scheint es ihm nicht ganz geheuer zu sein. Da liegt bei der Anschaffung eines neuen Autos zwischen einem Kaufpreis von 15.000 und jenem von 20.000 Euro eine Steigerung um 25 Prozent.

Und seine Parteikollegin Baerbock ergänzt im Zweifel zu dieser mathematischen Höchstleistung ihre geografischen Spitzen, in dem sie uns die vielen Länder referiert, die hunderttausende Kilometer von der Bundesrepublik entfernt liegen – die man trotz dieser Distanz noch ziemlich CO2-neutral erreichen könne. Wenn es dann noch um einen Blick auf die Kenntnisse zur Geschichte geht, erweist sich wohl der ärgste Nachholbedarf. Saskia Esken sollte vielleicht noch einmal Nachhilfeunterricht mit Blick auf Goebbels nehmen, den sie im ORF kurzerhand auf eine Stufe mit der AfD stellte. Zu dieser Lektion kann sie ihren Co-Vize Lars Klingbeil gleich mitnehmen, der bei der Alternative für Deutschland und ihrer

Vorsitzenden Weidel ohnehin nur Nazis erkennt.
Es ist eine moralische Verrohung, wenn in diesen
Tagen inflationär mit Termini um sich geworfen
wird, die ihre Verwender in der Regel nicht
einmal definieren – oder nur ansatzweise
erklären könnten, was im historischen Kontext
konkret bedeuten. So werden die Unterschiede
zwischen völlig verschiedenen Vokabeln
kurzerhand verwischt, um damit Menschen
diskreditieren und gleichsetzen zu können.

Da mutiert ein einst höchst integrer Bürger mit
einer mittigen und wertkonservativen
Orientierung plötzlich nicht nur zum Rechten,
sondern im Zweifel auch zum Radikalen, vielleicht
zum Extremisten und bisweilen sogar zum
Faschisten. Sämtliche Trennlinien werden
aufgelöst, um eine Gruppierung zu spalten und zu
polarisieren – in der es am Ende keine Differenz
mehr gibt zwischen völlig unterschiedlichen
Positionen. So wird derjenige mit der völlig
legitimen Forderung nach einer Remigration von
ausreisepflichtigen, abgelehnten, geduldeten
oder illegal eingewanderten Migranten einerseits
- und jemandem mit einer durchaus
verwerflichen Überzeugung, Individuen allein und
ausschließlich aufgrund ihrer ursprünglichen
Herkunft zu benachteiligen, auszugrenzen oder zu
unterdrücken auf der anderen Seite, kurzerhand
in einen gemeinsamen Topf des Rassismus

geworfen. Einmal ganz abgesehen davon, dass auch der propagierte Ethnopluralismus keinesfalls ein anrüchiges Konzept über die Verteilung von Völkern auf unserem Globus ist, scheint es doch einigermaßen dreist und ungehörig, jemanden mit dem Ansinnen nach weniger Gender, Queerness und Wokismus plötzlich über einen Kamm zu scheren mit jenen, die in ihrem platten Ausspruch „Ausländer raus" zwar in aller Regel völlig übertreiben, aber trotzdem nichts gemeinhaben mit einem moderat werteorientierten Zeitgenossen.

Schlussendlich ist die immer weitere Hetze gegen all das, was in einer von Linken dominierten, allerdings gleichsam nicht die Mehrheit habenden, Ideologie des Harmoniebedürfnisses, der Viefaltssehnsucht und der Toleranzbesoffenheit nicht existieren darf, der größtmögliche Katalysator für eine soziale Zerrüttung in unserem Land, die die Bevölkerung weiter auseinandertreibt. Missgunst, Argwohn und Ablehnung verlaufen mittlerweile quer durch Familien, Freundschaften, Kollegen oder Nachbarn. Und dies hängt entscheidend mit der Tatsache zusammen, dass die Hemmschwelle zur Benutzung von Floskeln – welche man noch vor Jahren auch deshalb konsequent mied, weil man sich um die Tragweite ihrer emotionalen, menschlichen und politischen Sprengkraft bewusst gewesen ist – sukzessive absinkt und nahezu vollständig wegbricht. Diese Sensitivität, das Feingefühl und die Skrupel, von einer übermäßigen Verallgemeinerung und einem platten Populismus Abstand zu nehmen, sind in einem Zeitalter verloren gegangen, in dem wir uns ohnehin schon aufgrund der Anonymität des Netzes entfremdet und voneinander entfernt haben.

Wir vergessen die gute Kinderstube, wenn uns jegliche Manier abhandengekommen ist, eine Diskussion mit Argumenten statt mit Schlagworten, Beleidigungen und Hass zu führen. Man muss heute auch aufgrund des abgesunkenen Bildungsniveaus im Zweifel davon ausgehen, dass sowohl Parteien wie auch Privatpersonen in ihrer Kommunikation Kraftausdrücke vor allem deshalb benutzen, weil ihnen einerseits die Begriffserklärungen fehlen.

Aber sie sind darüber hinaus auch dazu bereit, in dieser Unfertigkeit mit etwas um sich zu werfen, was nicht nur dazu geeignet ist, Beziehungen zu zerstören – sondern gesellschaftliche Lager und ihre Anhänger gegeneinander aufzubringen. Die Kategorisierung ist ein durchaus nachvollziehbares Instrument der Vereinfachung. Offenbar scheint der Horizont von vielen Mitmenschen heutzutage aus unterschiedlichen

Gründen eingeengt zu sein. Sie haben Schwierigkeiten mit dem Umgang verschiedener Perspektiven, Sichtweisen und Charakterlichkeiten der Anderen, weil sie entweder selbst in ihrer Haltung derart fixiert und verblendet sind, dass sie jegliches Abweichen von dieser Meinung als gegnerisch, feindlich oder abzulehnen einstufen.

Aber es ist natürlich auch der Reiz der Simplifizierung, der das Klima verändert. Denn wer lediglich in Schubladen aus Schwarz und Weiß denkt, wird dafür weniger Kraft und Mühsal anwenden müssen als jener, der auf der Suche nach Differenzierung, Abstufung und Schattierung ist. Eigentlich war der Homo sapiens mit Vernunft ausgestattet, um gerade auch zu der Erkenntnis zu gelangen, dass es den Frieden und die Versöhnung nicht unbedingt stärkt, wenn man beispielsweise Sympathisanten, Wähler, Anhänger und Funktionäre der AfD ohne jede Not auf die Ebene der grausamsten Verbrecher und Diktatoren in unserer Historie stellt.

Dass angesichts der Regierungspolitik in Deutschland die Nerven bei vielen von uns blank liegen, das ist eine allzu verständliche Tatsache. Allerdings scheint die Verhärtung der Fronten gerade auch deshalb zuzunehmen, weil die programmatischen Forderungen, Erwartungen und Zielvorstellungen über das Deutschland von Morgen eklatant auseinander gehen. Während die Mitstreiter der Grünen noch immer davon ausgehen, dass der Klimawandel die größte Bedrohung für unsere nachfolgenden Generationen sei, weisen vor allem die patriotisch und identitär gesinnten Fürsprecher der Alternative für Deutschland auf die massiven Probleme des entglitten Multikulturalismus hin, der sich immer stärker auf die innere Sicherheit auswirkt – und zu massiven Verlustängsten bei jenen führt, die in ihren Köpfen ein Szenario zu Ende denken, das in diesen Tagen zumindest in Gang gesetzt wurde.

Wir stehen an einem Übergang von der abendländischen Wesenseinheit in einen sarazenischen Orient, in dem am Ende die Verhältnisse völlig umgekehrt sein werden als bislang. Dass diese Furcht bei jenen nicht vorherrscht, welche ihr Traumbild von Buntheit, Harmonie und Gleichklang vor insbesondere als eine Schutzbehauptung vorbringen, mag nicht überraschen. Denn ihre Achtung vor ihren Wurzeln ist so gering, dass sie selbst das erlösende Paradies eines Kalifats als Fortschritt ansehen.

Nur Risse, noch kein Fall:
Die Brandmauer wackelt, aber steht!

Schon zu meinen aktiven Zeiten als Journalist war ich unter meinen Kollegen auch deshalb nicht immer beliebt und geschätzt, weil mir eine gewisse Begeisterungsfähigkeit für augenscheinlich pompöse Schlagzeilen fehlte. Doch ich sah es stets als meine berufsethische Pflicht an, mich als Medienschaffender in Zurückhaltung und Geduld zu üben, um weder vorzeitig auf den Zug aufzuspringen, sich von einer Berichterstattung über vermeintliche Skandale mitreißen zu lassen, die in der Regel unausgegoren waren, kamen sie doch oftmals genauso behauptend und unbelegt wie eine Meldung von Correctiv frisch über den Ticker.

Aber ich war auch nicht für Sensationen zu haben, die in gewissen Bevölkerungsteilen Jubel und Feuerwerk auslösten. Schließlich ist es mein Verständnis des publizistischen Arbeitens, die Wiedergabe von Informationen nicht vorrangig auf populäre Emotionen zu stützen. Denn Überschwang sollte nicht die Leitlinie der skeptischen Kommentierung sein. Sondern das Einholen von gesponnenem Seemannsgarn. Und so gieße ich vielleicht auch jetzt Wasser in den Wein oder mache mich zum Spielverderber, den im Sandkasten aufgrund seiner Mürrigkeit niemand haben wollte, wenn auf mich der Funke kaum übergesprungen ist, den angesichts der knappen Mehrheit für den Entschließungsantrag der Union zur Wende in der Massenmigration gerade auch viele Nutzer in den sozialen Medien nahezu frenetisch und ekstatisch feiern. Man spricht von einem historischen Tag, von einem geschichtsträchtigen Ereignis und von einer denkwürdigen Stunde, als wäre die DDR zum zweiten Mal untergegangen.

Immerhin wollen einige Beobachter aus meinem Metier sogar hautnah miterlebt haben, wie die Brandmauer gefallen ist. Doch nähert man sich einigermaßen unaufgeregt und objektiv dem hauchdünnen Resultat im Bundestag, so herrschte dort nach dem Bruch der Regierungskoalition nicht weniger und nicht mehr als das Gesetz der freien Kräfte – welches man in Zeiten funktionierender Bündnisse zweifelsohne nicht häufig mitverfolgen kann. Aber diachronisch scheint es nicht.

Es bildete sich ein hinreichender Zuspruch dafür ab, künftig stärker auf Rückweisungen von sogenannten Schutzsuchenden an der Grenze zu pochen und endlich wieder dafür sorgen zu wollen, dass Sicherheit und Souveränität des Volkes mehr Gewicht bekommen. Aber schon allein dieser Umstand ist wenig revolutionär, sollte er eigentlich Normalität sein. Und er wäre auch längst als eine legitime und mit dem Recht durchaus vereinbare Möglichkeit zur Regulation der Flutung unseres Territoriums mit vermeintlichen Asylsuchenden realisierbar gewesen. Und so ist es zwar ein Durchbruch, dass aus der Theorie nun Praxis werden kann. Und die Stimmenüberzahl kam auch nicht allein durch den Zufall zustande. Trotzdem ist dieser Akt nicht mehr gewesen als das ziemlich schlichte und eventuell nur singuläre Bereitstehen von Friedrich Merz, sich auf eine schicksalshafte Entscheidung des Plenums einzulassen, obwohl die „Gefahr" im Raum war, dass ein Erfolg des kleinen Wurfs nur mit dem positiven Votum der AfD und etwaiger Vertreter der FDP zu erzielen sein wird.

Das Ende der Kontaktscham ist möglicherweise eingeläutet. Und das für eine Demokratie wie ein Fremdkörper wirkende Monument der Abschottung vor dem Bösen hat Risse bekommen. Aber wir sind noch lange nicht bei einer ähnlichen Dramatik wie 1989. Dass es für den Zeitraum bis zur Neubesetzung des Hohen Hauses denkbar geworden ist, einen gewöhnlichen Parlamentarismus seinen Lauf nehmen zu lassen, weil es keine festgezurrten Allianzen zwischen den Parteien mehr gibt, mag eine Randnotiz in den Annalen der jüngeren Vergangenheit wert sein. Doch es sollte sich niemand etwas vormachen. Mit dem jetzigen CDU-Vorsitzenden wird es bei aller Euphorie über sein Tolerieren von Fortuna keine Zusammenarbeit zwischen Konservativen und der Alternative für Deutschland geben, die über das passive Miteinander in einzelnen Sachfragen hinausgeht. Dies betont der Mann aus dem Sauerland mit beständiger Vehemenz. Entsprechend mag man mir nachsehen, dass ich mich im Modus des Abwartens befinde. Denn ein bloßes Erdulden des Gros macht noch keinen politischen Frühling.

Nicht nur der AfD wird derzeit vorgeworfen, sie verbreite eine nationalistische oder völkische Ideologie. Damit verstoße sie gegen die Verfassung und die Würde des Menschen. Doch auch der Gleichheitsgrundsatz bedeutet keinesfalls, dass es nicht zu einem bereits in der Bibel bekannten Vorrangigkeitsgebot gegenüber der eigenen Bevölkerung kommen darf. Allein aufgrund der schlichten Tatsache, dass unser Globus endlich ist – und daher auch die Ressourcen und Kapazitäten knapp sind, mit denen aus ihren Gefilden Geflohene in einem anderen Land entsprechend aufgenommen und versorgt werden können, kann es aus rationaler Sicht kein „Weiter so" mehr geben. Natürlich wünschen wir uns das Paradies auf Erden für jeden. Doch während man Nächstenliebe und Barmherzigkeit nahezu unerschöpflich dem Anderen zuteilwerden lassen kann, sieht es abseits des Ideellen doch weniger großzügig aus.

Ob nun in personeller, materieller oder monetärer Hinsicht: Allein um des Gerechtigkeitsgedankens willen, müssen diejenigen abgeschoben oder an der Einreise gehindert werden, die keinen anerkannten Fluchtgrund vorweisen oder eine entsprechende

Bleibeperspektive begründen können. Nachdem wir nun über rund ein Jahrzehnt hinweg eine Politik der offenen Herzen und Grenzen praktiziert haben, sind wir nicht nur in einem Zustand der Überforderung hinsichtlich der Strukturen angekommen. Sondern erlauben vor allem mit Blick auf die zunehmende gesellschaftliche Spaltung, Polarisierung und Verbitterung der Bundesbürger über den Laissez-Faire-Stil ihrer Regierenden einen Kontrollverlust über die Ströme, die Menschen aus aller Herren Länder in die Bundesrepublik spülen.

Denn aus dem Berliner Elfenbeinturm scheint es keinen ernsthaften Willen zu geben, die weitere Unterwanderung der hiesigen Gemeinschaft zu beenden. Man nutzt rechtlichen Spielräume nicht aus, lässt weiterhin einen Zustand bestehen, in dem faktische Unfairness und Inhumanität herrschen. Denn geltende Gesetze werden schon mit Blick auf die Drittstaaten-Regelung nicht mehr eingehalten, weil weder Ampel noch Angela Merkel das Rückgrat hatten, mit den europäischen Partnern eine konsequente Veränderung am eingeschliffenen und routinierten Alltagsgeschäft zügelloser Gewährung von Asyl unter stillschweigender Aufweichung des Dublin-Abkommens vorzunehmen.

Stattdessen bemüht man sich lediglich um die symptomatische Schadensbegrenzung. Punktuell wird an Stellschrauben gedreht, obwohl es doch einer radikalen Trendwende bedarf. Schließlich muss die Vision eines obsessiven Zusammenlebens von verschiedensten Menschen unterschiedlicher Prägung auf einem begrenzten Raum am Ende stets im Chaos enden, da es an der Grundlage für einen Konsens fehlt – und man sich im Zweifel nicht auf einen Leitfaden einigen kann, der verbindlich durchgesetzt wird. Das verpflichtende Miteinander birgt nicht nur erheblichen sozialen Sprengstoff in sich, sondern auch die bewusste Inkaufnahme einer wachsenden Profillosigkeit des Landes und seiner einheimischen Bevölkerung. Dabei ist es bereits in der Verfassung entsprechend normiert, dass die Staatsbürger zu Einheit, Integrität und Souveränität der Bundesrepublik angehalten sind.

Der Multikulturalismus ist nicht nur gescheitert, weil er allein unter Zwang funktionieren kann. Schlussendlich genügt ein Blick in die Evolution, zu der Erkenntnis zu gelangen, dass Völker nicht umsonst unterschiedlich geschaffen wurden. Es hat nichts mit Rassismus zu tun, wenn man in einer völlig natürlichen Art und Weise zunächst einmal die Singularität des eigenen Stammes hervorhebt. Denn die Würdigung der individuellen und kollektiven Heimat geht nicht zwingend mit einer pauschalen Abwertung anderer Nationalitäten oder Ethnien einher. Stattdessen gehört es zur Ehrlichkeit dazu, dass eine forcierte Zuwanderung ohne jegliche Regelung zu massiven Verwerfungen, Gewaltsamkeit, Entkernung der Identität und einem sukzessiven Verdrängen der Mehrheit durch die Minderheit führt.

Es ist ein allzu menschlicher Reflex, die eigene Herkunft zu betonen und sie gegen Versuche der Erosion von außen zu verteidigen – und im Zweifel Maßnahmen zur konsequenten Rückführung derjenigen zu ergreifen, die keinerlei Bereitschaft zur Eingliederung oder Mitwirkung an Wirtschaftlichkeit, Prosperität oder Wachstum zeigen. Und wenn man sie alle mit denen zusammenzählt, denen es dem Grunde nach bereits an einem Anspruch auf Schutz fehlt, kommt man am Ende tatsächlich auf erkleckliche Summen – und die für Empörung sorgenden Aussagen von René Springer oder anderen Politikern der Alternative für Deutschland über die Abschiebung von bis zu zwei Millionen sich illegal hier aufhaltenden Personen relativiert sich rasch. Dabei bleibt das Faktum unberührt, dass eine nuancierte Bereicherung durch einen minimalistischen Pluralismus durchaus gelingen kann.

Damit eine solche Vision allerdings erfolgreich ist, braucht es zunächst einen Rückwärtsgang. Schließlich haben wir mittlerweile Dimensionen erreicht, die über das Erträgliche und Zumutbare hinausgehen. Eine in die Absurdität getriebene Toleranz kann dagegen in solchen Konstellationen durchaus als ein Zwischenstopp vom Übergang einer Wesenseinheit in die andere verstanden und missbraucht werden. Immerhin ist das Märchen mittlerweile in sich zusammengefallen, wonach diejenigen, die nicht auf dem Weg der Arbeitszuwanderung zu uns kommen, sondern allein nach einem besseren Leben streben, in einem nicht unbeträchtlichen Teil weder zur Integration noch zum Respekt vor hiesigen Sitten, Traditionen, Sprache, Werten, Gepflogenheiten, der Geschichte, Religion, Herrschaftsform und unserer Wurzeln bereit sind.

Man muss heutzutage nur noch die Augen weit öffnen, um zu erkennen, dass wir einerseits eine Einwanderung in unsere Sozialsysteme vorangetrieben haben – und gleichzeitig auf einen Import von Kriminalität, Brutalität und Hass setzen. Wer dies als Politiker achselzuckend oder gar relativierend in Kauf nimmt – und Messerstechereien oder Vergewaltigungen zu einer tragischen Aneinanderreihung von Einzelfällen bis hin zur Normalität erklärt, offenbart eine eigene Verachtung für den

Ursprung, aber auch eine prinzipielle Deutschenfeindlichkeit. Immerhin kann man es lediglich mit Böswilligkeit, Verhöhnung und Selbstgeißelung erklären, wenn man ein Land durch die Einladung der halben Welt einfach überrennen lässt.

Entsprechend bleibt im Augenblick allein die Forderung nach einer konsequenten Remigration von abgelehnten Asylbewerbern und Personen ohne Aufenthaltsberechtigung aufrecht, aber auch jene eines massiv verstärkten Grenzregimes bis hin zur Festung Europa, auf deren Territorium nur noch derjenige vordringen darf, der in einer Vorabprüfung tatsächlich nachweisen konnte, dass er die Bedingungen für einen Status erfüllen wird.

Wie auf dem Basar:
Unsere Sicherheit wird verhökert!

Man begegnet in seinem Leben vielen Menschen, bei denen man bereits auf den ersten Blick das Gefühl von Antipathie in sich hegt. Da braucht es nicht einmal viele Worte, um zu dem Eindruck zu gelangen, dass mit dem Gegenüber nicht gut Kirschen essen ist. Oftmals verdichtet sich dieser Verdacht, wenn man Worte aus seinem Mund vernimmt. Genau dieses Erlebnis habe ich bei Nancy Faeser.

Da brauchte es nicht einmal die vielen Fehltritte in der jüngeren Vergangenheit wie ihr Statement zum Messerangriff von Aschaffenburg, damit ich zu dem Resultat kommen konnte: Hier wurde eine Frau mithilfe von Vitamin B, Subtilität und Kompetenzlosigkeit zur Innenministerin, die von einer tiefsitzenden Ideologie der Verleugnung der Wurzeln, von Verachtung für den Ursprung und einer großen Liebe für das Fremde getragen ist. So muss ich schon schwer in meinem Gedächtnis kramen, um eine vergleichbare Person in Erinnerung zu rufen, deren Herz für mein Empfinden aus Stein ist – zumindest dann, wenn es um die Opfer von Straftaten, um hiesige Bürger oder alles Weltanschauliche geht, was sich konservativer verortet als die SPD.

Nicht nur, dass sie gemeinsam mit ihrem ehemaligen Behördenchef Haldenwang eine ganze Nation drangsaliert und tyrannisiert, weil sie sich in der Missachtung des Rechtsstaats und der Demokratie dazu befähigt sieht, nach ungeschriebenen Gesetzen zu handeln – und Meinungen gegebenenfalls auch dann zu sanktionieren oder unter Beobachtung zu stellen, wenn diese unterhalb der Strafbarkeitsgrenze liegen. Viel eher lässt sie seelenruhig immer weitere Migranten auf unser Territorium vordringen – und erkennt in den endlosen Ankömmlingen ohne Bleibeperspektive und anerkannten Asylgrund schon allein deshalb eine prinzipielle Bereicherung für unser Volk, weil sie offenbar davon ausgeht, dass generell jeder Mensch bis zu seinem Übertreten der bundesrepublikanischen Grenze von Friedseligkeit, Harmonie und Vielfalt träumt.

Dass wir mittlerweile täglich oder gar stündlich mit neuen Meldungen von weiteren Massakern an deutschen Bürgern hören und lesen müssen, deren Modus operandi sich gleichen – und die man hinsichtlich ihrer Herkunft mit ziemlicher Präzision auf einen bestimmten, klar definierten und umrissenen Kulturkreis außerhalb von Europa festlegen kann, stellt nach ihrer Auffassung also kein sicherheitspolitisches Versagen dar. Sondern die Schuld liegt wieder einmal bei uns – wie das auch mit Blick auf den Nationalsozialismus, den Klimawandel oder den Urknall so sein soll. Zumindest muss man der Genossin diese Überzeugung spätestens seit dem Augenblick attestieren, als sie sich nach dem gewaltsamen Tod von Philippos in Bad Oeynhausen zu einer vor Dreistigkeit, Verhöhnung und Pietätlosigkeit nur so strotzenden Bemerkung hinreißen ließ, wonach man nicht etwa mit dem Geknechteten fühlen müsse.

Sondern es sei nur gerecht, mit dem vielfach polizeibekannten und eine immense Akte bei der Justiz füllenden Syrer Nachsicht zu zeigen, für den allerdings nur derjenige Gnade artikulieren kann, der eine Umkehr der Verantwortung vornimmt – und von größtmöglichem Hass gegen die eigene Bevölkerung, von dreister Gewissenlosigkeit und unverfrorener Skrupellosigkeit angetrieben wird. Wer sich angesichts des brutalen Mordes auf die Seite eines von Beginn an von Kriminalität, Hetze und Missgunst beseelten Schwerverbrechers stellt, entlarvt nicht nur sein wahres Gesicht aus Kälte, Rohheit und Feindschaft. Stattdessen wird auch die Dimension an Unmenschlichkeit offenbar, mit der sich die Sozialdemokratin schützend vor jemanden stellt, der unseren Boden eigentlich nie hätte betreten dürfen.

Schon allein deshalb gab es auch keinen Grund, von Seiten unserer Gesellschaft ein Bemühen um Integration zu zeigen. Bei diesem Prozess handelt es sich ohnehin um ein wechselseitiges Geschehen, bei dem zunächst der Gast in der Verpflichtung ist, seinerseits eine Bereitwilligkeit zur Eingliederung, Anpassung und zum Respekt zu zeigen. Der Hausherr bestimmt die Regeln. Und sie werden sicherlich nicht von einem einzelnen Regierungsmitglied formuliert.

Unsere Prinzipien sind in den geltenden Gesetzen niedergeschrieben. Wer sich ihnen widersetzt, sollte in einem funktionierenden Rechtsstaat damit rechnen müssen, die Auswirkungen dieser feststehenden Paragraphen bei deren Verletzung am eigenen Leib zu spüren – und sich nicht etwa in der forensischen Psychiatrie eine dauerhafte Vollpension zu sichern, sondern die kargen Gitterstäbe der Gefängnisse von innen zu betrachten. Spätestens danach gilt der Grundsatz der unmissverständlichen Abschiebung. Und dies gilt explizit auch für Rückführungen in Regionen von Diktatur und Totalitarismus, aus der der traumatische Fluchterfahrene im Zweifel entstammt. Auch nur den Hauch von Milde für Charaktere aufkommen zu lassen, bei denen weder die Kindheit noch die jahrelange Unterbringung in einer Flüchtlingsunterkunft die Haftung schmälern können, ist gerade gegenüber den Angehörigen nicht an Perfidität zu überbieten, welche um ihren Jungen trauern, der wieder einmal zu einem falschen Zeitpunkt an einem falschen Ort war – und dem Frevel unterlag. Und so ist es die mit dem Heimatressort betraute Hessin, die Defizite bei denjenigen ansiedelt, welche spätestens seit dem Jahr 2015 nicht nur einen Kontrollverlust ohne Beispiel tolerieren. Sondern auch jene bis zum Abwinken alimentieren, die im wahrsten Sinne des Wortes den Deutschen vor und auf den Kopf treten.

Dass wir in einem Höchstmaß an Masochismus von Leuten umgebracht werden, die unsere Gutmütigkeit ausnutzen – und in einem immer größer wachsenden Anteil gar keinen Anspruch auf Schutz, Obdach und Versorgung haben, dürfte für den Außenstehenden nur dann nachvollziehbar sein, wenn man sich den grünen Leierkasten über unsere historischen Verfehlungen antut. Weder in unserer Verfassung noch in internationalen Konventionen ist die Abschaffung einer Nation durch den Übergang von einer abendländischen Wesenseinheit in eine sarazenische Zukunft als legitimes, erstrebenswertes oder hehres Ziel festgelegt. Und sie wird auch von keinem anderen außer unserer grünsozialistischen und progressiven Korrektheit abverlangt. Viel eher besteht die Aufgabe unserer Repräsentanten zur Erhaltung des Wohles eines Gefüges darin, die nicht erst in den letzten Wochen und Monaten durch eine sukzessive Erosion von Fundament und Identität ins Rutschen geratene Zivilisation zurück zu Ordnung und Klarheit zu führen. Mit dem Tabubruch durch Angela Merkel stellte sich ein Zeitalter der Unterjochung gegenüber dem restlichen Globus ein, welches nicht etwa zu einem toleranten Miteinander geführt hat. Stattdessen wachen wir mittlerweile jeden Morgen mit neuen Horrornachrichten aus den Fußgängerzonen, Parks und No-Go-Areas auf, in denen auswärtige Individuen auf die Pirsch gehen – und ihrer Dankbarkeit für unsere Willkommensmentalität kurzerhand durch das Niederstechen von Unbehelligten Ausdruck verleihen.

Wer unter diesem Aspekt Rassismus gegen Weiße und einen latenten Auswechslungsprozess unserer Spezies negiert – aber gleichzeitig das Gräuel aus der Ferne als bloßen Kollateralschaden einer gescheiterten Inklusion hofiert, entpuppt sich als verrohter und abgestumpfter Widersacher unserer Souveränität und Unversehrtheit. Es ist angesichts dieser Philosophie nicht mehr verwunderlich, dass die Theorie des Ethnopluralismus unter immer mehr Bürgern Wohlgefallen findet. Denn eine Parallelität unterschiedlichster Gruppen mit divergenter Sprache, Religion, Sozialisation Prägung und Tradierung endet nicht nur im Chaos, sondern in einer explosiven Stimmungslage, die uns an den Rand von Kampf, Aufbegehren oder Revolution der Gemeinschaft bringt. Schließlich sorgt sie sich aus begründeten Tatsachen um die Existenz, Einheit und Kontinuität ihres inhärenten Zuhauses. Die Wiederherstellung eines Zustandes von Autorität würde normalerweise vom jeweiligen Sesselkleber in Alt-Moabit gewährleistet. Solange dort allerdings eine germanophobe Amtsinhaberin residiert, nähert sich das Fass sekündlich dem Überlaufen an.

Demokratie und Parlamentarismus überwinden Brandmauern und Scheuklappen!

Dass es viel Zeit braucht, errichtete Mauern wieder abzureißen, das wissen wir als Deutsche bestens. Denn oftmals sind es nicht die tatsächlichen Barrieren in der Wirklichkeit, sondern vor allem jene in den Köpfen, die nicht einfach deshalb verschwinden, weil man aus einem eingefahrenen System entfliehen konnte. Und so sind es in diesen Tagen lediglich die ersten Anzeichen dafür, dass der Pragmatismus die Ideologie überwindet, wenn in der Peripherie Kommunalpolitiker und Volksvertretungen vor Ort die mühselig gezogene Grenzlinie zur Alternative für Deutschland sukzessive aufzuweichen.

Da fühlt man sich nicht mehr an den erhobenen Zeigefinger aus dem politischen Berlin erinnert, von wo aus man in moralisierender Weise jegliche Zusammenarbeit mit den Blauen als einen Pakt mit dem Teufel untersagt hat. Scheinbar gibt es also bei einer wachsenden Zahl von Menschen doch noch ein Gewissen, welches sie auf manch eine unmissverständliche Ansage des Souveräns hinweist. So wünscht sich der einfache Bürger in Thüringen offensichtlich eine

Schlüsselposition für die AfD, wenn in aktuellen Umfragen Björn Höcke meilenweit vor der „doof, richtig doof"-Video-Partei CDU liegt. Diesem Anliegen einer Normalisierung der Verhältnisse war man nicht zuletzt auch im Landkreis Schmalkalden-Meiningen nachgekommen – und hatte mit der Mehrheit der Stimmen im Kreistag Volker Rosenhahn zum Vize-Landrat gewählt. Was im Bundestag bislang regelmäßig gescheitert ist, verwirklicht sich nun im Kleinen. Und genau dort beginnen die Rebellionen der Gesellschaft, die sich nicht länger vom Kartell diktieren lassen will, was richtig und falsch, was gut und böse, was extremistisch und rational ist.

Repression, Gängelung und Tyrannei können für eine Zeit lang den Widerstand der kritischen Opposition zum Schweigen bringen. Doch gerade, weil wir entsprechend gezeichnet sind von der Vergangenheit, reagieren nicht nur die Bürger im Osten überaus sensibel im Falle des Versuchs, neuerlich totalitäre Bedingungen zu schaffen. Und so sind die Antworten in den Umfragen nicht verwunderlich, sondern ein für die Demokratie überaus gesundes Zeichen der Schwingungsfähigkeit. Weil es eben nicht mehr der Klimawandel ist, der vielen von uns die größten Sorgen mit Blick auf die Zukunft macht, sondern der drohende Verlust von Kultur und Identität, scheint bei jenen Alteingesessenen ein

gewisser Skrupel einzusetzen, die nicht einfach
über Millionen Wähler hinwegzugehen vermögen
– oder sie gar zu diffamieren, denunzieren und
zum Freiwild zu erklären bereit sind. In der
Corona-Pandemie mutierte der Staat bereits das
erste Mal im 21. Jahrhundert zum Despoten.

Und es brauchte nicht einmal das Eingeständnis
von Robert Habeck, dass er uns lediglich als ein
Testlabor sieht, in dem die Versuchskaninchen
die Folgen einer verkopften Transformation
ausbaden müssen. Schon allein die Einebnung
des Verfassungsschutzes durch
Bundesinnenministerin Faeser war ein
untrügliches Merkmal für das Wiedererstarken
des Absolutismus. Auch wenn sich Vergleiche und
Parallelen in dunkle Kapitel der Geschichte
eigentlich verbieten, so trug die Etikettierung von
Freunden, Nachbarn, Bekannten und Kollegen als
Impfunwillige, aber später auch als Nazis, zu einer
unverhohlenen Assoziation mit der Historie bei.

Allein aus der Tatsache heraus, dass sich eine
wachsende Zahl an Deutschen nicht weiter in
ihrem eigenen Land verdrängen und als Hausherr
das Zepter durch häufig völlig unberechtigt
eingereiste Gäste aus der Hand nehmen lassen
will, werden sie als Fremdenfeindliche
stigmatisiert. Dabei gehen sie einem
gewöhnlichen Instinkt nach, der jeder anderen

Nation auf diesem Globus allzu selbstverständlich innewohnt. Schon das Völkerrecht garantiert Integrität und Unversehrtheit. Und das auch uns. Gleichzeitig können wir uns in der Kritik an der herrschenden Klasse darauf berufen, dass der von ihr mit Füßen getretene Eid, Schaden von uns abwenden zu wollen, gleich aus mehreren Perspektiven gebrochen wird.

Ob man die Deutschen nun in eine militärische Eskalation mit Russland hineinziehen möchte, die sogenannte Erderhitzung als Argumentationsgrundlage für Enteignung, Verzicht und Kasteiung missbraucht, uns Masken und Spritzen aufdrängen will oder die abendländische Prägung durch eine sarazenische Wesenseinheit zu ersetzen willens ist: Es dürfte bei einem Gros der Sympathisanten, Anhänger, Unterstützer, Mitglieder und Funktionäre der AfD schon lange kein Protest mehr sein, den man dem Establishment entgegenhält.

Stattdessen ist die Überzeugung immanent, dass es eine radikale Trendumkehr in nahezu allen Herausforderungen bedarf, die uns aktuell ängstigen. Weil vielleicht ein Gemeinderat noch sehr viel näher am Puls der Zeit und der Alltagsrealität des kleinen Mannes ist, setzt auch dort die Erosion der Kontaktscham gegenüber der Alternative für Deutschland am frühzeitigsten ein.

Dass beispielsweise die Christdemokraten programmatisch weitaus mehr Schnittpunkte mit diesem Partner hätten also mit Grünen, Linken oder BSW, das wird selbst derjenige nicht verleugnen können, der für eine Fahrt von München nach Stuttgart im Zweifel einen Umweg über Hamburg in Kauf nimmt, um auf der A8 keinesfalls Alice Weidel zu begegnen. Es ist infantil, trotzig und bockig, aus Verbohrtheit von den vernünftigsten, naheliegendsten und logischsten Optionen keinen Gebrauch zu machen.

Und da es von Seiten der Konkurrenten immer öfter an einer inhaltlichen und sachlichen Auseinandersetzung mit den Konzepten, Ideen und Vorschlägen der Blauen fehlt, vernimmt man bergauf und bergab in dieser Republik ein zunehmendes Unbehagen im Umgang mit einer separierten politischen Kraft, an die man in unserem Gefüge schon aus Gründen der Fairness und Gerechtigkeit die Erwartung richten sollte, sich als Verantwortliche unter Beweis zu stellen. Gleichwohl könnte dieses Geschehen an Dynamik gewinnen, wenn die Erdrutsche bei den folgenden Urnengängen noch dramatischer ausfallen, als dies im Moment prognostiziert wird.

Identität und Herkunft:
Was macht ein Volk wirklich aus?

Es gibt manche Vokabeln, bei denen bekommt der Linke automatisch Schnappatmung. Denn sie sind spätestens seit der Erfahrung der ersten Diktatur im 21. Jahrhundert zu denjenigen Begrifflichkeiten geworden, die als das prinzipiell Böse betrachtet werden. So ist es unter anderem auch mit dem Terminus des Rassismus. Er ist deshalb negativ konnotiert, weil er in den dunkelsten Kapiteln unserer Geschichte eben nicht nur als eine friedliche Gesinnung in den Köpfen vieler Menschen vorherrschte.

Sondern er diente als Argumentationsgrundlage für einen von Hass getriebenen Anführer mitsamt seiner Handlanger und einer nicht unerheblichen Zahl an Unterstützern in der Bevölkerung, um für eine gewaltsame und brutale Auseinandertreibung der verschiedenen Gruppen zu sorgen. Der Massenmord durch die Nationalsozialisten wird stets als Mahnung in Erinnerung bleiben. Doch ist es allein deshalb verwerflich, in der Kategorie der verschiedenen Verbünde zu denken, die die Schöpfung wohl nicht ohne Grund zunächst einmal an verschiedenen Orten auf diesem Globus angesiedelt und mit phänotypischen Merkmalen zur Definition und Identifikation untereinander ausgestattet hat? Dass wir offenbar noch immer in Kategorien unterwegs sind, das hat nicht zuletzt die Bundestagsvizepräsidentin Katrin Göring-Eckardt während der Europameisterschaft deutlich gemacht. Sie stellte öffentlich in Abrede, dass eine ausschließlich aus Weißen besetzten Nationalmannschaft wohl nicht zu entsprechenden Erfolgen im Fußball in der Lage gewesen wäre – wie eine Equipe der Vielfältigen. Was sich hier als eine Feindlichkeit gegenüber der eigenen Spezies Bahn bricht, wäre umgekehrt der Sündenfall für die Wokeness – weil uns die Kollektivschuld aus der Vergangenheit so sehr eingetrichtert wurde, dass mittlerweile nicht nur einige Grüne die Existenzberechtigung der Bundesrepublik gänzlich auf den Prüfstand stellen.

Stattdessen scheinen für sie Menschen aus der Ferne grundsätzlich höherwertig als diejenigen aus ihrem individuellen Umkreis. Und so verschweigen uns die eingeebneten Medien nicht selten die Messerattacken und Vergewaltigungen aus Rücksichtnahme vor der kulturellen Zugehörigkeit der Täter. Sollte jedoch ein Deutscher zum Verbrecher werden, ist nicht nur der Aufschrei groß – sondern die Schlagzeilen wird demonstrativ am Nasenring durch die Manege gezogen. Es kommt also zu einer

Abstufung der Würde, die aus der Blickwarte derjenigen plausibel, angemessen und gerecht erscheint, welche Personen mit einer rechten Überzeugung prinzipiell zu legitimem Freiwild zu erklären bereit sind. Kommt man allerdings zu der einigermaßen profanen Erkenntnis, dass es von der Evolution offenbar nicht vorgesehen war, eine grenzenlose Durchmischung der unterschiedlichen Stämme anzustreben, wird man entweder von der Moralkeule oder dem Totschlagargument erfasst, man bediene sich einer ethnischen Betrachtung unserer Welt.

Dass diese weder anrüchig noch verboten ist, beweist unter anderem auch unsere Verfassung, die in Art. 116 GG ausdrücklich auf den Fortbestand und Erhalt der deutschen Volkszugehörigkeit abzielt. Erst ab dem Moment, in dem der Einzelne oder ein Kollektiv Personen ausschließlich und pauschal aufgrund der Herkunft aggressiv und kämpferisch benachteiligt, separiert oder gar verfolgt, ist die Grenze des Zulässigen überschritten. Und dass wir in Europa nach und nach einen aufkeimenden Widerstand gegen die zügellose Einwanderung beobachten können, hat nicht zuletzt etwas mit einem Ringen um die Vorherrschaft der abendländischen Mehrheit auf dem Kontinent zu tun. Der Kampf um die Identität wird von immer neuen Sogeffekten und Pull-Faktoren angeheizt, die die politisch Verantwortlichen von London über Paris bis nach Berlin installieren. Denn es widerspricht dem Anspruch von Souveränität, Integrität und Unversehrtheit der hier seit Generationen Sesshaften, wenn die Ampel mittlerweile Einbürgerungen im Akkord realisiert.

Und natürlich darf unter diesem Gesichtspunkt auch die nachvollziehbare Debatte aufkommen, ob ein Migrant abseits des Formaljuristischen tatsächlich nur deshalb Deutscher ist, weil ihm ein Lappen hinterhergeworfen wurde. Gehört man also allein deshalb dazu, weil man das öffentliche Dokument in den Händen hält – aber im Zweifel keine Anstalten macht, sich in irgendeiner Weise anpassen oder eingliedern zu wollen? Es ist einer Gemeinschaft nicht abzuverlangen, in einem von oben verordneten Komplex zu existieren, in dem die von der Majorität proklamierte Leitlinie einer verbindenden Sprache, einer Tradition, eines Brauchtums, von Werten, Normen, Prinzipien, Regeln, Historie, Sitten, Idealen und Sozialisation lediglich von der einen Seite eingehalten wird.

Es kann nur auf die Missgunst der verstandsmäßigen und rationalen Bevölkerungsklientel stoßen, wenn Integration zur Einbahnstraße wird – und einem Gast kurzerhand staatsbürgerschaftliche Rechte zugestanden werden, ohne ihm Pflichten aufzuerlegen. Es ist nicht der Geburtsort, der zwingend darüber entscheidet, welchem Gefüge man innewohnt. Viel eher muss der Maßstab der Autochthonie als der natürliche Gratmesser angelegt werden, welcher wenigstens die Anwesenheit von zwei Generationen am selben Platz vorsieht, um ein Verhaftetsein begründen zu können – das letztlich auch als Bedingung für die Ausfertigung eines etwaigen Passes gelten sollte. Eine solche Erwartungshaltung hat nichts zu tun mit irgendeiner Ausformung genereller und undifferenzierter Xenophobie.

Sondern sie basiert auf einer eigentlichen Selbstverständlichkeit: Auf einem Erdball mit höchst divergenten Sippschaften braucht es Voraussetzungen und Merkmale, die als Minimalkonsens den Kitt für jede Ansammlung von Menschen darstellen. Willkür und Beliebigkeit haben wiederholt zu einer Zerreißprobe für jedes noch so bunt gestaltete und zusammengewürfelte Milieu geführt, dem es an jeglicher Parallelität, Gleichartigkeit oder Wesensverwandtschaft fehlte.

Manchmal möchte ich nicht in der Haut des lieben Gottes stecken. Denn was hatte er sich einst mit seiner Schöpfung Mühe gegeben – und die Menschen auf diesen Planeten gesetzt, um ihn hegen und pflegen zu können. Wenn er in diesen Tagen allerdings wieder einen Blick auf den Globus wirft, so dürfte er sich insbesondere bei einem Fokus auf die Bundesrepublik die Augen reiben. Denn diese Fürsorge, welche wir in unserem Land mittlerweile gegenüber allen Schicksalsgeplagten, der Wärmepumpe und den Queeren präsentieren, scheint wohl nicht mehr mit dem zu korrespondieren, wozu die Welt einst gedacht war.

Denn die Widersinnigkeit in vielem Handeln ist derart eklatant, dass sogar andere Nationen mit Kopfschütteln auf das schauen, was Habeck, Scholz und Lindner mit ihrer gesamten Regierung und einem Kartell der Guten an Willfährigkeit an den Tag legen. Da interessiert es nicht, dass man für den Bau eines Windrades zunächst einmal den Wald roden muss, immense Fundamente in die Tiefe stampft und die Rotorblätter am Ende die Artenvielfalt in der

Luft zerreißen. Es werden Wüsten aus Photovoltaikanlagen in die Landschaft gepflanzt, die Äcker und Wiesen verdorren lassen. Und wäre es dem Macher unseres sensiblen Gefüges daran gelegen gewesen, dass wir die von ihm zur Verfügung gestellten Ressourcen bis zum Sanktnimmerleinstag im Boden belassen, so hätte er uns nicht zuerst die Öl- und Gasheizung, den Verbrenner oder die Atomkraftwerke an die Hand gegeben. Dass uns eine eingeebnete Wissenschaft ein Narrativ verkaufen will, das jeglicher physikalischen Realität entgegenläuft, interessiert diejenigen nicht, die an der Originalität und Ursprünglichkeit des Seins vorbei ihre eigenen Gesetze formulieren.

Denn verfolgt man die Verschiebung der Partikeldichte seit dem Beginn der industriellen Revolution in unserer Atmosphäre, so wird man hinsichtlich von Kohlenstoffdioxid lediglich eine Zunahme im Promillebereich erkennen können – die sicherlich bei weitem nicht genügt, um die Lichtreflexion in einem erheblichen Maße zu beeinflussen. Ein narzisstisch anmutender Transhumanismus, der in seiner Arroganz und Hochmut davon ausgeht, sich über festgeschriebene Regeln hinwegsetzen zu können – und am Ende als der Retter dazustehen, der zwar die Umwelt vernichtet hat, aber seinen Fußabdruck verkleinern konnte, dient zur Gängelung von Millionen. Es ist der Wesenskern einer Ideologie, für Vernunft und Pragmatismus nicht mehr empfänglich zu sein – und sich vor allem deshalb in eine Scheinwelt zu verrennen, weil die Minderwertigkeitskomplexe aus einer gescheiterten Leistungsbilanz und desaströsen Lebensbiografie wie eine Kompensation erfordern. Und so erhofft man sich, zum Messias zu werden, indem man als „Forschende" aus der Aneinanderreihung von Einzelereignissen eine Modellrechnung und Computersimulationen ableitet, die zu einer verallgemeinernden Prognose über das Morgen kommt.

Dass es bei uns über Dekaden und Jahrhunderte hinweg sukzessive wärmer wird, daran zweifeln die Wenigsten. Dennoch ist eine wachsende Mehrheit gleichermaßen davon überzeugt, dass dafür nicht allein der Mensch verantwortlich gemacht werden kann. Eine ausschließlich anthropogene Ursache scheint schon allein deshalb ausgeschlossen, weil man in der Befassung mit diesem Thema stets wichtige Stellschrauben außer Acht lässt. Ob es nun die üblichen Schwankungen, die Anomalien in den Meeresströmungen, die Erdachse, die Sonnenaktivität, der Wasserstoff oder das Methan sind – es genügt eben nicht, sich auf die Theorie des CO2 allein zu stürzen. Wer unsere

Emissionen auf null senken will, der verfolgt eine existenzfeindliche Anschauung der unendlichen Kasteiung – welche konformgeht mit einer Panikmache und Dramatisierung derjenigen, die sich aus Sorge vor der Zukunft sterilisieren lassen.

Besonders im grünlinken Spektrum ist die Paranoia weit vorangeschritten, die darüber hinaus nicht nur Kipppunkte halluziniert, sondern sich in Gefühle und Empfindungen versteigt, wonach das evolutionäre Konstrukt der Binarität eigentlich völlig ungeeignet ist, um subjektive Traumvorstellungen und Utopien von Geschlechterlosigkeit, Unbedingtheit und Willkür in die Tat umzusetzen. Das Aufbegehren von Minderheiten ist mittlerweile prägend für unsere Gesellschaft, in der es vor Propagandisten und Demagogen nur so wimmelt. Sie erfinden nicht nur Märchen, um ihren fixen Wahn nach energetischer Transformation und woker Indoktrination unter die Leute zu bringen.

Möglicherweise kehrt auch in unseren Breiten das Hirn zurück, welches der Herr angesichts seiner Verzweiflung über die verirrten Schäfchen zwischen Kiel und Konstanz doch noch irgendwann vom Himmel wirft – und uns damit von der Egomanie einer verzogenen Klasse an

Postinfantilen erlöst, die in ihrer Erziehung stets vermittelt bekamen, dass man sich störrisch und bockig auf Straßen klebt – oder mit Lack, Leder und Regenbogen die Allgemeinheit provoziert, wenn die Anderen nicht so spuren, wie man sich das wünscht.

Zum Glück erwachen angesichts dieser Diktatur von Wenigen auch sukzessive jene unter uns, die sich lange Zeit vom moralinsauren Zeigefinger beeindrucken ließen – obwohl ihr Restverstand eigentlich suggerierte, dass ein von Individuen vorgefertigter Plan auf dem Reißbrett ein jenseitig ausgeklügeltes System für unsere Weltkugel nicht aus der Fassung bringen kann. Und so wird dem bunten Treiben hoffentlich bald ein Riegel vorgeschoben. Denn wir haben wahrlich andere Probleme, die unsere Integrität, Sicherheit und Ordnung nicht erst langfristig bedrohen könnten – sondern jeden Einzelnen mittlerweile täglich vor vollendete Tatsachen stellen.

Es sind Stoffe wie Fermium, Beryllium und Polonium, die die kürzeste Halbwertszeit aufweisen, welche die Physik kennt. Doch nicht nur in den Naturwissenschaften findet häufig ein schneller Zerfall statt. Standhaftigkeit, Verlässlichkeit und Kontinuität sind vor allem in der Politik ein Fremdwort. Wie rasch sind Versprechungen und Forderungen Schall und Rauch. Insbesondere im Wahlkampf werden Aussagen getätigt, die nach dem Schließen der Stimmurnen zügig wieder in Vergessenheit geraten.

Ob es nun Wolfgang Kubicki, Olaf Scholz oder Markus Söder sind, die sich entweder nicht mehr daran erinnern können, was sie gestern gesagt haben – oder schlichtweg gewillt innerhalb von Stunden jenen Standpunkt negieren, den sie noch kurz zuvor über die Mikrofone und Kameras in die Welt geprustet haben: Wie oft ist in den entscheidenden Situationen nichts mehr von dem Bekenntnis übrig, was man in einem für Aufmerksamkeit sorgenden Moment abgelegt hatte. Und so war es nach den Anschlägen von Aschaffenburg und München auch der CDU-Vorsitzende Friedrich Merz, der für die Zeit nach dem 23. Februar 2025 faktische Einreisesperren in Aussicht stellte, welcher nicht einmal einen Tag nach Bekanntgabe des Votums über die Neubesetzung des Bundestages ohne Scham und Skrupel verlautbaren ließ, dass es aus seinen Reihen niemand darauf abgesehen habe, die Grenzen zu schließen. Man fühlte sich in der Formulierung an die Einlassungen von Walter Ulbricht erinnert, welche allerdings über die Mauer schlichte Unwahrheit verbreitete. Dagegen kann man beim vermeintlich nächsten Kanzler davon ausgehen, dass er bei seiner Zusicherung bleiben dürfte, an der Massenzuwanderung keinesfalls etwas ändern zu wollen. Die Scheunentore bleiben geöffnet, die Doktrin von Angela Merkel wird fortgesetzt, um der SPD zu gefallen. Nichts vom Tabubruch aus 2015 scheint man revidieren zu wollen. Stattdessen setzt man auf einzelne Stellschrauben.

Zurückweisungen müsse es im Einzelfall zwar geben, sagte der Chef aus dem Konrad-Adenauer-Haus. Doch diese Maßnahme ist höchstens ein Viertel Tropfen auf den heißen Stein. Viel eher entlarvt sich ein subtiler wie dreister Opportunismus, der ein Schlag ins Gesicht jener ist, die in ihrer Naivität tatsächlich davon ausgegangen waren, dass die Konservativen dieses Mal mit harter Hand durchgreifen würden. Wunschträume sind bedauerlicherweise aber oft auf Lebenslänglichkeit ausgerichtet. Sie kassiert der Souverän auch dann nicht ein, ist man mit einer etablierten Kraft regelmäßig und verlässlich an die Wand gefahren. Denn es scheint in der Genese der Deutschen zu liegen, den Glauben an das vermeintlich Gute im Menschen sogar dann im Herzen bewahren zu wollen, wenn sich Berliner Akteure in einer bestimmten Position per Ankündigung weigern, Verantwortung für das große Ganze zu übernehmen – oder von Konsequenz in Sachen Sicherheit und Unversehrtheit des Volkes absehen.

Insofern gibt es mit einer schwarz-roten Angola-Koalition keine Umkehr. Selbst ein Remigratiönchen ist mit ihr bloße Utopie. Ein Regierungschef aus dem Sauerland legt bereits vor dem Amtsantritt einen Offenbarungseid als Fähnchen im Wind ab. Und der eingeschliffene Bürger sitzt vor den Weltempfängern und Flimmerkästen dieser Republik, um mit den Achseln zu zucken. Außer Spesen nichts gewesen. Aber Hauptsache, man ist der Linie treu geblieben – und hat sich in der nunmehr vierten Dekade dazu entschlossen, der bürgerlichen Mitte unterwürfig und routiniert eine weitere Chance zu geben. Als hätte es keine andere Option gegeben, zeigt man auf die

Moralkeule von links, die die AfD aus dem
Spektrum des Demokratischen aussortiert hat.
Und so wird sich das willfährige Schlafschaf auch
künftig an die antifaschistische Mahnung des
„Nie wieder" gebunden fühlen, als seien es
Schicksal und Fügung, von einer die Lügenfratze
auftragenden Union an der Nase herumgeführt
zu werden.

„Allah ist die einzige Wahrheit" - und schon deshalb gehört der Islam nicht zu Deutschland!

Ich war vor vielen Jahren selbst in Talksendungen zu Gast und kann mich gut erinnern, wie man damals die Gäste, welche man sich in das Studio einlud, im Vorfeld umfänglich abklopfte – um sich sicher sein zu können, dass man im Zweifel keine bösen Überraschungen erlebt. Inwieweit man diese Praxis mittlerweile geändert hat, vermag ich nicht einzuschätzen. Doch man könnte der Redaktion von „hart aber fair" durchaus unterstellen, dass man gewusst hat, wen man sich in die Runde holt.

Und so war es einer der großen Fernsehskandale der jüngeren Vergangenheit, der sich nicht nur dem Zuseher nahezu mit bestechender Ansage offenbarte, als das Mitglied des Hessischen Rundfunkrates – die Publizistin Khola Maryam Hübsch – über die völlige Selbstverständlichkeit von Gottesstaatlichkeit und religiöser Ordnung schwadronierte. Auch die anwesenden Gesprächspartner und der stets unvorbereitet wirkende Lebensabschnittsbegleiter von Luisa Neubauer wunderten sich nicht schlecht über die Aussagen einer nicht unumstrittenen Person,

die nämlich selbst der Ahmadiyya-Gemeinde
angehört, die von großen Teilen des Islam schon
deshalb nicht anerkannt wird, weil sie sich
neben den Rechtsquellen des Koran, Sunna und
Hadith auch den Verlautbarungen ihres
Begründers Mirza Ghulam Ahmad verschreibt,
der sich wiederum als der einzig wahre Erlöser
betrachtet.

Und so war es eine Häretikerin, die all die
Empörung überhaupt nicht verstehen konnte,
welche angesichts der Demonstration von
Fanatikern der durch den Verfassungsschutz
beobachteten Organisation „Muslim Interaktiv"
in Hamburg aufkam. Denn nach Auffassung der
immer wieder in Debatten zu Wort kommenden
Journalistin handelt es sich bei den für Aufsehen
erregenden Vokabeln der Scharia oder des
Kalifats um völlig unanstößige Tautologien, die
in der arabischen Welt an der Tagesordnung
seien.

Doch es ist eben dieser feine Unterschied, dass
wir zumindest bislang noch immer im
christlichen Abendland leben – wenngleich man
beim Blick auf einige Innenstädte der
Bundesrepublik durchaus zu einer anderen
Einschätzung kommen könnte. Ihr penetranter
Versuch zur Verharmlosung und Beschönigung
einer politisierten Religion, für die sie eben nicht

repräsentativ steht, wurde mit einigermaßen viel Entsetzen aufgenommen. Denn die Normalisierung von Kampfbegriffen war bisher in der leitmedialen Auseinandersetzung über die Folgen einer ungezügelten Migration kaum Thema gewesen.

Und dies nicht zuletzt deshalb, weil sich Thomas Haldenwang vornehmlich um Kritiker der aktuellen Regierung kümmerte, als diejenigen intensiver überwachen zu lassen, die unverhohlen einen Übergang unserer kulturellen Identität in eine neue Wesenseinheit beabsichtigen – und dafür im Zweifel auch mit Messern und Macheten kämpfen. Denn von Friedseligkeit kann keine Rede sein, auch wenn der Protestzug durch die Hansestadt einigermaßen ruhig verlief.

Immerhin fehlt es dem Koran an einer Relativierung – wie sie beispielsweise in der Bibel das Evangelium darstellt, das so manche alttestamentarische Brutalität und Rachsucht entkräftet. Überdies durchlebte die bei uns vorherrschende Spiritualität des Gesalbten eine Säkularisierung, welche in weiten Teilen des Islam schon aus Prinzip nicht geschehen kann und wird. Denn er ist eben nicht an einem Miteinander oder Nebeneinander interessiert, sondern besagt bereits in seiner Übersetzung, welches Ziel er verfolgt: Unterwerfung gegenüber dem alleinigen Herrscher Allah. Dass es in einer Theokratie nur allzu alltäglich ist, auf Sittenwächter statt auf Richter zu hören – und bedarfsweise Peitschenhiebe oder das Abhacken der ein oder anderen Gliedmaße einer Geld- oder Gefängnisstrafe vorzieht, mag in denjenigen Systemen auf Applaus stoßen, deren Bürger in der Auffassung der Richtigkeit dieser Mentalität sozialisiert wurden.

Doch genauso, wie man die Aussagen des Generalsekretärs des Zentralrats der Muslime über die Kompatibilität der mohammedanischen Rechtslehre mit unserer demokratischen Gewaltenteilung in einem aktuellen Interview für hanebüchenen Euphemismus abtun muss, entpuppen sich natürlich auch alle Bemühungen der Bloggerin als Augenwischerei – die sich nach eigenen Angaben zwar für Interreligiösen Dialog einsetzt, für dieses hehre Ansinnen aber keinen Rückhalt unter denjenigen hat, die sich an die Verse ihrer Heiligen Schrift gebunden fühlen. Denn die Fundamentaltheologie beruft sich beispielsweise auf Sure 22,62: „Denn Gott ist die Wahrheit, und das, was sie anrufen statt Gott, ist Nichtiges nur". Damit ist die Unbedingtheit beschrieben, von der es sich in einem Umfeld nicht abweichen lässt, das sich der Verweltlichung verschließt.

Bibliografische Information der Deutschen Nationalbibliothek: Die Deutsche Nationalbibliothek verzeichnet diese Publikation in der Deutschen Nationalbibliografie; detaillierte bibliografische Daten sind im Internet über dnb.dnb.de abrufbar.

Verlag: BoD · Books on Demand GmbH, Überseering 33, 22297 Hamburg, bod@bod.de
Druck: Libri Plureos GmbH, Friedensallee 273, 22763 Hamburg

ISBN: 978-3-8482-2382-4